DESCRIPTION
PITTORESQUE
DE L'AUVERGNE;

Par H. LECOQ,

PROFESSEUR D'HISTOIRE NATURELLE DE LA VILLE DE CLERMONT-FERRAND.

L'IDÉE de décrire une contrée, et de joindre aux descriptions des dessins qui en représentent les principaux sites, n'est certainement pas une idée neuve; mais ce qu'il peut y avoir de nouveau dans une publication de ce genre, c'est l'exactitude que l'on sacrifie souvent à une foule de considérations secondaires, et que je prends l'engagement de respecter.

Les nombreux travaux qui ont été publiés sur l'Auvergne indiquent assez que ce pays, si remarquable sous tous les rapports, est enfin tiré de l'oubli auquel il ne méritait pas d'être si long-temps condamné. Le moment m'a paru favorable pour entreprendre l'*Auvergne pittoresque*.

Il y a peu d'années encore, l'ouvrage que je commence eût été une charge pour l'éditeur : il n'aurait pu réunir un nombre de souscripteurs suffisant pour couvrir ses frais.

Je ne pense pas qu'il en soit ainsi aujourd'hui. Mais lors même qu'une telle publication exigerait quelques sacrifices pécuniaires, je m'y soumettrai volontiers, si je puis contribuer à faire connaître une contrée à l'étude de laquelle je compte consacrer ma vie.

S'il m'est facile, en restant éditeur de mon ouvrage, de surmonter les difficultés de l'exécution matérielle, en m'exposant aux chances du succès, je ne puis espérer de vaincre aussi facilement des obstacles d'un autre genre, et de suivre dans mes descriptions une ligne qui puisse convenir à ce genre de travail. Je tâcherai cependant de maintenir le style descriptif dans de justes limites, mettant de côté ce qui touche de trop près aux sciences, pour le publier plus tard dans des ouvrages spéciaux, sans omettre cependant diverses considérations que tout le monde peut saisir, et que l'on ne pourrait éliminer à dessein, sans se mettre en opposition directe avec l'instruction de la génération actuelle.

L'Auvergne pittoresque sera composée d'un nombre illimité de livraisons indépendantes les unes des autres, mais faites sur le même plan. Chacune d'elles contiendra la description d'une localité plus ou moins étendue, ou d'un site remarquable; un itinéraire, ou une série de promenades autour d'un point central, digne de fixer pendant quelques jours la résidence de l'amateur, du savant ou de l'artiste. La plupart des livraisons contiendront une ou plusieurs lithographies grand in-8°, même format que le texte. Ces dessins, tous copiés avec soin sur la nature, formeront, avec le temps, une collection en miniature des plus jolis points de vue de l'Auvergne.

On pourra acquérir séparément chaque livraison, dont le prix variable, en raison de l'étendue du texte et du nombre des planches, sera indiqué sur la couverture.

ATLAS COLORIÉ DE L'AUVERGNE PITTORESQUE.

Pour répondre au désir de plusieurs personnes, je fais colorier avec le plus grand soin, sur des modèles que j'ai pris sur les lieux, un petit nombre d'exemplaires des lithographies de l'Auvergne pittoresque. Elles seront réunies plusieurs ensemble (mais sans texte) sous une couverture imprimée, qui offrira une note explicative de chaque dessin.

La livraison de quatre planches est du prix de 4 francs.

Deux livraisons de la Description pittoresque de l'Auvergne ont paru.

PREMIÈRE LIVRAISON.

L'INDICATEUR D'AUVERGNE,

Donnant la nomenclature de tous les lieux, sites et monumens remarquables des départemens du Puy-de-Dôme, du Cantal et de la Haute-Loire ;

ET

La liste des ouvrages, cartes, mémoires, etc., qui ont été publiés sur l'ancienne province, ou sur les trois départemens qui la composent.

Ouvrage servant d'introduction à l'Auvergne pittoresque.

Prix : 75 c.

DEUXIÈME LIVRAISON.

LE MONT-DORE ET SES ENVIRONS.

Remarques sur la structure et la végétation de ce groupe de montagnes, avec des observations sur les eaux, le climat, l'agriculture, etc., et la description de tous les sites pittoresques de cette localité ;

Avec itinéraires de Clermont au Mont-Dore, par deux routes différentes.

Un vol. in-8°, avec seize lithographies. — Prix : 8 fr.

SOUS PRESSE :

Vichy et ses environs. — *Itinéraire de Clermont au Puy-de-Dôme.* — *Promenades à Royat.* — *Chaudes-Aigues et ses eaux thermales.* — *St-Nectaire et ses sources incrustantes.* — *Volvic.*

ON SOUSCRIT :

A Paris, chez BAILLIÈRE, rue de l'École-de-Médecine, n° 13 *bis ;* à Londres, même maison, 219, Regent-Street.

En Auvergne, chez les principaux Libraires de *Clermont, Aurillac, le Puy, Riom, Thiers, St-Flour, Mauriac, Brioude,* etc., etc.

A Moulins, chez DESROSIERS, Éditeur de l'*Ancien Bourbonnais.*

CLERMONT, IMPRIMERIE DE THIBAUD-LANDRIOT.

DESCRIPTION

PITTORESQUE

DE L'AUVERGNE.

———◦———

Première Livraison.

DESCRIPTION PITTORESQUE DE L'AUVERGNE.

L'INDICATEUR

D'AUVERGNE,

ou

GUIDE DU VOYAGEUR

AUX LIEUX ET MONUMENS REMARQUABLES

SITUÉS DANS LES DÉPARTEMENS DU PUY-DE-DÔME, DU CANTAL
ET DE LA HAUTE-LOIRE;

CONTENANT

L'indication des sites pittoresques, lacs, cascades, vieilles forêts, montagnes,
centres de panorama, fontaines, sources minérales; monumens, églises,
châteaux, antiquités, grottes, etc., groupés autour des villes ou villages
les mieux situés pour les visiter.

ET

La liste des ouvrages, mémoires, cartes, etc., qui ont été
publiés sur l'ancienne province ou sur les trois départemens
qui la composent.

PREMIÈRE LIVRAISON. — PRIX : 75 cent.

PARIS,

J.-B. BAILLIÈRE,

Libraire, rue de l'École-de-Médecine, n° 13 bis.

LONDRES, MÊME MAISON, 219, REGENT-STREET.

CLERMONT,

CHEZ LES PRINCIPAUX LIBRAIRES ;

Où l'on peut aussi se procurer les ouvrages cités dans l'Indicateur.

1835.

L'INDICATEUR

D'AUVERGNE,

ou

GUIDE DU VOYAGEUR

AUX LIEUX ET MONUMENS REMARQUABLES

SITUÉS DANS LES DÉPARTEMENS DU PUY-DE-DÔME, DU CANTAL
ET DE LA HAUTE-LOIRE ;

————————

On trouve dans tous les Guides du Voyageur
en France la description, ou au moins l'indication des principaux lieux remarquables de
l'Auvergne ; mais on y trouve aussi ce qui ne
peut manquer de se rencontrer dans des ouvrages aussi généraux, l'omission complète de
plusieurs d'entre eux. Il est cependant bien
peu de contrées qui présentent autant d'inté-
rêt que les trois départemens du Puy-de-Dôme,
du Cantal et de la Haute-Loire, dont la majeure partie était autrefois comprise dans
l'Auvergne: aussi un grand nombre des lieux
que nous allons citer dans cette liste, ont-ils
déjà été convenablement décrits. Les autres
le seront sans doute par la suite, et notre but,

1

en publiant ces pages, est d'exposer en quelque sorte le canevas des travaux à exécuter pour avoir une description complète des curiosités que présente cette partie de la France centrale.

Le premier soin d'un étranger qui arrive dans une ville est de s'informer des objets ou des lieux qui valent la peine d'être visités. Il n'en trouvera ici que la liste; mais elle sera aussi complète que possible. Nous lui indiquerons où il pourra trouver de plus amples renseignemens, et nous essayerons par la suite de donner la description d'une partie des lieux qui n'ont pas encore eu d'historiens.

Nous diviserons notre catalogue en trois parties, dont chacune comprendra un des départemens que nous avons cités plus haut. Cependant nous ne nous astreindrons pas avec rigueur à des limites politiques; et si quelques sites remarquables en sont peu éloignés, nous aurons soin de les indiquer.

On nous reprochera peut-être d'avoir accordé trop facilement une mention à des objets qui n'en valaient pas la peine; nous avons préféré ce reproche au défaut opposé, auquel cependant nous ne nous flattons pas d'avoir échappé. Nous avons tout signalé : points de vue, centres de panorama, vieilles forêts, cascades, fontaines, sources minérales, églises et vieux châteaux; ruines des monumens des hommes et de ceux de la nature. Nous appelons sur tous ces lieux les méditations du savant, les recherches et l'érudition de l'historien, et surtout les pinceaux de l'artiste. En les visitant, on en verra d'autres plus curieux peut-être; on nous reprochera de la partialité; nous acceptons d'avance le blâme, si nous sommes assez heureux pour être la cause première de ces nouvelles découvertes.

Quoique une simple liste n'exige pas de grands soins de classification, nous devons cependant prévenir que nous avons groupé, autant que possible, nos indications autour des villes ou villages les plus fréquentés, adoptant les divisions d'arrondissemens, de cantons, de communes, etc., quand elles ne nous gênaient pas, sans nous croire obligé de nous y soumettre aveuglément.

En classant ensuite dans chaque département les villes et principaux lieux par ordre alphabétique, nous avons trouvé le moyen de faciliter les recherches, et de nous dispenser d'une table.

~~~~~~

DÉPARTEMENT DU PUY-DE-DOME.

CLERMONT.

La Cathédrale construite en lave, ses vitraux de couleur, la balustrade extérieure et la vue magnifique du sommet. — L'église du Port, sa chapelle souterraine, l'image de la Vierge. — La fontaine de la place Delille, ses figures et ses arabesques. — Le château d'eau adossé à la salle de spectacle; beau volume d'eau arrivant de Royat. — Les établissemens scientifiques; le jardin de botanique et la belle vue dont on y jouit; la bibliothèque; le cabinet de minéralogie; la statue de Pascal, par Ramey; le buste de Delille, par Flatters; l'école de dessin. — L'hôtel-Dieu; la vue de sa colonnade extérieure. — L'hôpital-général. — La halle au blé. — Le collége. — La halle aux toiles. — Les places du Taureau et de la Poterne; perspective étendue de ces deux places sur les montagnes volcaniques et la Limagne.

— Les eaux minérales de Jaude. — Celles de Ste-Claire. — Les eaux incrustantes de Saint-Alyre; le pont de pierre formé par elles; le pont commencé; le cabinet de Clémentel, et les divers produits des eaux.

Environs. L'église de Montferrand. — La lanterne des morts dans le cimetière de cette ville.

La caverne du pont de Naud. — La pierre plantée ou pierre druidique, près le pont d'Aubière. — Gergovia; son plateau où l'on suppose qu'a existé l'ancienne Gergovie; ses ravins et ses escarpemens; ses minéraux et sa constitution géologique. — Montrognon, pic basaltique, et les ruines de son château; perspective du sommet. — la Roche-Blanche; habitations creusées dans le calcaire; fissures de la montagne.

Le parc et les grottes méphitiques de Mont-joli. — Le volcan de Gravenoire; sa coulée de lave; ses belles scories. — Le village de Boissejoux construit sur la lave.

Saint-Vincent; ses belles sources, et la coulée de lave dont elles sortent. — Noha-nent; ses sources et ses buanderies; son parc et ses environs. — La vue du plateau de Chanturgue. — Châteaugay; sa tour à cré-neaux, et du sommet, la vue magnifique qui

s'étend sur la Limagne. — Le plateau basal
tique de Mirabelle.

Le puy de la Poix ; sa source de bitume.
— La pierre plantée, ou pierre druidique,
près de la grande route. — Le puy de Crouël ;
sa végétation en mai et en juin ; le magnifique
panorama dont il est le centre.

Les eaux thermales de Saint-Marc et les
bains. — Fontmort, dernier flot de la coulée
de lave de Pariou ; belles sources qui s'en
échappent. — La voie romaine sous le plateau de Prudelles. — La cheire ou désert de
lave de Villars. — Le puy de Chateix ; la
vue du sommet et les greniers de César. —
Royat ; sa grotte, ses belles eaux, ses om-
brages ; ses moulins et leurs chutes d'eau ; la
vue du puy de Dôme en arrivant à Royat ;
son église et sa crypte ; le ravin creusé dans
la lave par le ruisseau de Fontanas ; la grotte
fermée qui contient les sources de la ville. —
La belle vallée qui conduit à Fontanas. —
Fontanas ; ses sources, ses prairies, ses moulins ; son aquéduc romain et les boules de
granite. — Le parc de M. Juge de Solagniat.

La vue et les basaltes de Prudelles. — Le
puy de Pariou, volcan éteint ; son beau
cratère et la longue coulée de lave qui sort de
sa base. — Le petit puy de Dôme composé de

scories; son joli cratère appelé *Nid de la poule*; en juin et juillet, la végétation des bois qui sont à sa base. — Le puy de Dôme; la nature de la roche qui le compose; sa végétation alpine; la perspective du sommet; effets de nuages et de lumière.

Sarcouy, montagne analogue au puy de Dôme; sa forme singulière; ses carrières de pierre à filtrer. — Clierzou, montagne de même nature que Sarcouy; ses cavernes ou grottes artificielles dont on a extrait des sarcophages (emporter de la lumière). — Le puy de Côme, volcan moderne; ses deux cratères placés l'un dans l'autre; la végétation qui en couvre les flancs; son immense coulée, désert de lave qui s'étend jusqu'à Pontgibaud.

L'étang du Fung. — La cascade de Saillins, chute d'eau sur des prismes de basalte. — Les moulins à foulon au-dessous de la cascade.

AIGUEPERSE.

La Sainte-Chapelle. — La statue du chancelier de L'Hospital. — L'Hôtel-Dieu. — Le tableau du martyre de St-Sébastien dans l'église.

Environs. Les carrières de Chaptuzat, le bois et le château de la Roche. — Les eaux minérales de St-Myon.

La perspective de la butte de Montpensier.

— La source d'acide carbonique. — Effiat ;
son château, son parc et son hôpital. — La
chapelle , près St-Priest ; ses modillons et
sculptures extérieures.

AMBERT.

L'église de Saint-Jean. — Les papeteries. —
Les filatures.

Environs. Le dolmen ou autel druidique
sur la route de Clermont. — La montagne
de Pierre-sur-Haute ; vue des Alpes. — Le
panorama du mont Fournol ; vue du Cantal ,
du mont Dore, du Mezenc et du puy de Dôme.

AMANT-TALLENDE (SAINT-).

Environs. Les papeteries et les vergers de
Tallende. — Les belles sources de Pagnat.

L'église de Saint-Saturnin. — Le ravin de
la Mône. — Les rochers d'Olloix. — Le parc
du château de Travers. — Les faisceaux de
prismes de Saint-Sandoux , et le groupe placé
dans le parc du château de Travers.

La coulée de basalte de la Serre. — Le puy
de Nadaillat et le lac de la Cassière. — Le
vieux château du Crest.

ARDES.

Environs. Le vieux château de Roche-Mar-
quet. — Le village de Rentières et son éboulement arrivé en 1783. — Le joli village de

la Roche et ses habitations creusées dans le tuf.
— La colonnade basaltique de Chausse-Basse.

BEAUREGARD-L'ÉVÊQUE.

La belle vue dont on jouit près du bourg.
— La lanterne des morts dans le cimetière de
Culhat. — L'église de ce village. — Les eaux
minérales de Médagues, près Joze.

BESSE.

Voyez MONT-DORE.

BILLOM.

L'église de Saint-Cerneuf, remarquable par
l'élégance de sa coupole. — La peinture de
la voûte qui recouvre le chœur de l'église du
collége.

ENVIRONS. Les ruines du château de Tur-
luron. — Celles du château de Montmorin.

Les ruines du château de Mozun; la belle
vue du sommet de ces ruines. — L'exploita-
tion agricole de M. Saulnier d'Anchald. —
Le château de Semiers; la Limagne vue du
sommet de la vieille tour. — La pierre branlante et les boules de granite, près du château de Semiers. — Le village rouge de Royac.
— Le puy de Cordelou, entièrement formé de
tronçons de prismes basaltiques.

CHAMPEIX.

Les ruines de son vieux château.

Environs. Le Montrose et le puy de la Velle. — Les ruines du château de Saint-Cirgues. — Celles du château de Montaigut. — La tour de Rognon. — Les caves ou grottes de Jaunas, village entier, mais abandonné, creusé dans le tuf volcanique, au-dessus du joli hameau de Coteuge.

Le pont et le village de Verrières. — La Roche-Longue, belle pyramide de lave à Verrières. — Le vieux château et les basaltes de Saint-Diéry. — Les ruines du château de Crest. — La cascade de Saillans, chute de la Couze sur la lave du Tartaret. — Les sources minérales et la végétation maritime de Saint-Nectaire. — L'établissement destiné aux incrustations. — Les anciennes cuves découvertes en 1827. — Le dolmen ou autel druidique, au-dessus des bains de Boite. — Le nouvel établissement thermal. — Les grottes du mont Cornadore. — Les sources de Sachat et la cascade des Granges. — Le village et le château de Murol. — Le volcan du Tartaret et sa coulée hérissée de monticules de lave. — Le lac Chambon; ses îles; la Dent du Marais. *V*. Mont-Dore.

COUDES.

Environs. La tour de Montpeyroux et la perspective du sommet. — Les carrières de meules de moulins. — Saint-Yvoine ; son rocher ; ses carrières de granite et la coupure faite par l'Allier dans le terrain primitif.

GERMAIN-LEMBRON (SAINT-).

ENVIRONS. Le pic basaltique de Montcelet et son vieux château. — Nonette ; les ruines de son château ; la vue prise du sommet de ces ruines ; les carrières de marbre. — Les houillères de Brassac.

Boudes ; la vallée des Saints dans l'argile rouge et verte. — Le puy de Lavoiron et sa perspective. — Les ruines du château, le village et les catacombes de Saint-Hérem. — Les eaux minérales et bitumineuses de Barre. — Les mines de fer de la Brugère.

ISSOIRE.

L'église ; ses décorations extérieures.

ENVIRONS. La tour de Boulade ; ses argiles rouges et vertes dégradées par les eaux. — Le pont de Parentignat. — Usson ; les ruines de son château, prison de Marguerite de France ; les colonnes de basalte du sommet de la butte.

Le plateau du Broc, belle coulée de basalte. — Le vieux château de Villeneuve ; la chambre de François Ier. — Le puy d'Isson ou de Solignat ; la perspective du sommet. — Le plateau du Perrier. — Le village avec ses habitations souterraines. — La tour de Maurifolet. — Le gisement des ossemens fossiles. — L'éboulement de Pardines, arrivé le 23 juin 1757.

MANZAT.

ENVIRONS. La carrière des pinites. — Le gour de Thazanat, cratère-lac creusé dans le terrain primitif et scorifié d'un côté. — Le puy de Chalard et sa coulée de lave.

MENAT.

Son église, ses chapiteaux ; les carrières de tripoli et de schiste bitumineux. — La fabrique de noir à clarifier. — Les poissons fossiles.

ENVIRONS. Les ruines de Château-rocher, et la vue prise de ce sommet. — Les eaux minérales de Châteauneuf, et les escarpemens des bords de la rivière de Sioule.

Les eaux minérales de Néris ; le grand bassin, le nouvel établissement, etc. — La houillère de la Bouiche, autrefois embrasée.

MONT-DORE.

L'établissement thermal. — La vue de la vallée.

ENVIRONS. La grande cascade. — Le ravin des Égravats. — Le roc de Cuzeau.

La cascade du Serpent. — La cascade et le marais de la Dore. — Le pic de Sancy.

Le Capucin. — Le Vallon de la Cour. — Le Val ou la Gorge des Enfers.

Le Salon de Mirabeau. — Les prairies de Rigolet. — La cascade de la Vernière. — Murat-le-Quaire.

La Bourboule-les-Eaux. — Les bois de Charoude. — La roche des Fées. — La grotte de la Bonne Femme.

Le ravin de l'Eau Salée. — La roche Vendeix. — Les forêts de sapins de Bozat et les moulins à scie.

Le Pessis. — Genestoux. — La cascade de Quereilh.

Le puy Gros. — La banne d'Ordenche. — Le lac de Guéry et sa cascade. — La cascade de la roche Sanadoire. — Les roches Tuillière et Sanadoire. — Le lac de Servières. — La roche branlante.

Les puys de Mareilh, de l'Angle, etc. — La Croix-Morand. — Le bois de la Chaneau.

La chapelle de Vassivières. — Le lac Pavin et le creux de Soucy. — La ville de Besse.

Le lac Estivadou. — Le lac Chauvet. — Le lac de Chambedaze. — Le puy et le lac de Montsineire. — La Godivelle et son lac.

Le lac Chambon et la Dent du Marais. —
Murol et son vieux château.

Le volcan de Murol ou le Tartaret. — La
vallée de Chambon. — La gorge de Chaude-
four.

PONTGIBAUD.

Les fonderies de plomb argentifère.

Environs. Les mines de plomb; les filons
de Barbecot et les bocards. — Les filons de
Pranal. — Les grottes de Pranal. — Le volcan de Chalusset et sa source incrustante. —
La Chartreuse du Port-Sainte-Marie et ses
vieux sapins.

Les eaux minérales de Javelle. — La coulée
de Côme et ses entonnoirs à courans d'air,
connus sous le nom de Fontaines glacées. — Le
camp des Chazalous. — Saint-Pierre-le-
Chastel. — La vue des monts Dôres, prise
de la grande route en montant à Bromont.

La roche branlante de Gelles , énorme
masse de granite placée en équilibre. — Les
boules de basalte d'Heume-l'Eglise; l'une a
quinze pieds de diamètre.

RANDAN.

Le château royal , le parc et la forêt.

Environs. Les eaux minérales de Châteldon. — Vichy et ses environs.

RANDANNE.

Habitation de M. le comte de Montlosier; ses belles cultures sur la lave et la pouzzolane. — Le joli bois de Montchaud.

Environs. Les puys de la Vache et de Lassolas, montagnes volcaniques, ayant d'immenses cratères égueulés; scories et minéraux divers; large coulée de lave qui en est sortie. — La jolie coupe du volcan de Montjugheat. — L'église d'Orcival et l'image de la Vierge.

Le lac d'Aydat; sa digue formée par la lave du puy de la Vache. — Le village d'Aydat et ses prairies. — Le puy de la Rodde; son large cratère, ses cristaux de pyroxène; le petit puy de Chalard et ses deux cratères. — Le puy d'Enfer. — Le puy de Monteinard.

RIOM.

L'église de Saint-Amable. — Celle du Marthuret — La Sainte-Chapelle. — Le nouveau palais de justice. — La maison centrale de détention. — Le château d'eau ou la nouvelle fontaine; le monolithe qui la couronne — La vue du Pré - Madame et la Colonne Désaix. — Les fontaines de Mozat et de Layat. — Les arabesques des croisées et de l'intérieur de plusieurs maisons.

Environs. L'église de Mozat, son architecture, ses inscriptions. — Les eaux minérales de Châtelguyon ; les ruines du château. — Le château de Chazeron.

L'église d'Ennezat ; ses sculptures et ses inscriptions ; ses chapiteaux.

Saint-Genès-l'Enfant et ses sources. — Volvic et ses carrières. *V.* Volvic.

THIERS.

Ses fabriques. — Le ruisseau de la Durolle. — Ses jolis points de vue.

Environs. Le village de Saint-Rémy ; le grand filon de quarz blanc situé un peu au-dessus. — Le grun de Chignor, grande montagne primitive ; ses rochers, la belle vue de son sommet. — La pierre milliaire de Vollore. — Montoncelle, vaste montagne granitique ; ses forêts, la vue du sommet.

VEYRE.

Environs. Le puy de Corent, grand plateau basaltique ; la vue admirable du sommet. — Le village de Corent et ses habitations souterraines. — La belle vallée des Martres à Tallende ; ses prairies et ses vergers.

Les eaux du Tambour. — Le plateau de la Roche-Noire et son éboulement. — La boule de basalte de la Roche-Noire (Legrand

d'Aussy, t. 3 , p. 115). — La sucrerie de La-
vaure.

Le puy de Marman , remarquable par ses
belles mésotypes. — Le village de Monton ,
ses habitations souterraines et le panorama
auquel le sommet de la montagne sert de
centre.

VIC-LE-COMTE.

La Sainte-Chapelle avec les statues des apô-
tres en terre cuite. — La statue de Jeanne de
Bourbon. — Les collections minéralogiques
de MM. Cuel et Duvernin-Montcervier.

Environs. La vallée de Bouriquet. — La
fontaine incrustante de Laps. — Le puy de
Saint-Romain ; ses boules et faisceaux basaltiques au sommet. — Les eaux de Sainte-Mar-
guerite.

La vue du Mont-Dore prise de la grande
route, près Pignol. — Le puy de Mercurol.
— Le puy Saint-Hippolyte. — Le pic de Buron ; ses faisceaux de prismes basaltiques et
les ruines de son château.

VOLVIC.

Son église. — Sa source, dont l'eau s'échap-
pe entre deux coulées de lave.

Environs. Les carrières de lave. — Le puy
de la Nugère , son grand cratère et ses bou-

2

ches latérales ; sa belle coulée , dans laquelle les carrières sont ouvertes. — Le puy de Louchadière ; son grand cratère à bords inégaux ; sa grande coulée de lave. — Le puy Chopine et le puy des Gouttes. — Le bois et le volcan de Channat.

Le puy de Bannière. — Le château de Tournoël avec sa chapelle , sa grande tour et ses oubliettes.

Enval , ses rochers , ses cascades ; le Bout du monde.

DÉPARTEMENT DU CANTAL.

AURILLAC.

L'ÉGLISE de St-Gerand. — Celle de Notre-Dame aux Neiges; sa voûte; ses tableaux. — Le château de St-Etienne. — Le collége. — Le bassin de serpentine de la fontaine de la halleau blé. — L'hippodrome.

ENVIRONS. Le gisement des coquilles fossiles à la côte de Veaurs. — Le site du château de Carlat. — La vallée de Raulhac. — Les eaux minérales de Cropières. — Les châteaux de Valduces et de Missiliac. — Les eaux minérales de Teissières-les-Boulies.

Les restes de l'ancien château d'Espinassol, près Ytrac. — La pierre druidique de Prentegarde, près St-Paul-des-Landes. — Celles de Pierre-Levée, et du bois du Mont, appelée Tombe des Huguenots.

La vallée de Marmagnac. — Le paysage qui entoure le château de Sedaiges. — Le château

de la Voûte. — L'ancien fort de Roquenatou.
— Laroquevieille; ses rochers pyramidaux et
ses grottes. — Le souterrain de Tidernat.

ALLANCHE.

Son église. — Sa fontaine et le château.

ENVIRONS. La source minérale du hameau
de Batifoil, près Marcenat. — Les eaux minérales de Trémisseau, entre Marcenat et Condat. — Condat; le paysage qui l'entoure. —
Les eaux minérales de Saouto-Vedel. — Les
ruines de l'abbaye de Fenier, et la grotte qui
est sur le bord de la rivière. — Les ruines de
plusieurs châteaux, aux environs de Lugarde,
Marchastel et St-Amandin.

CERNIN (SAINT-).

Son église.

ENVIRONS. Les sources minérales, entre St-
Cernin et St-Martin. — Plusieurs châteaux
aux environs de St-Alyre, de St-Martin et de
St-Cirgues. — La vallée de Tournemire. —
Le château d'Anjony.

L'église de St-Chamand et la tour Pralat. —
— Le château de St-Chamand. — Les grottes
de Loubejeac et la colonnade basaltique au-
dessus du hameau.

Saint-Martin-Valmeroux. — Son église;
ses sculptures extérieures. — Les eaux miné-

rales de la Font Sainte. — Les ruines des châteaux de Nozières et de Crève-Cœur.

CHAMPS.

ENVIRONS. Les ruines des châteaux de Val,
Gimazanne et Rochemaure. — Les lacs de
Granchier, Dulac, et le lac Noir.

CHAUDESAIGUES.

Les eaux thermales ; la source du Par, dont
la température s'élève à quatre-vingts degrés
centigrades ; celle de la grotte et du moulin
du Ban; le chauffage des maisons au moyen des
eaux ; les sources et les étuves de M. Felgère.
— Le ruisseau de Remontalou et ses sources
chaudes.

ENVIRONS. La côte de Laneau. — Le saut
du Loup. — Le four de Clujel. — La gorge
de la Thruyère.

Les ruines du château de Rochegonde,
près Neuvéglise. — Les eaux minérales sur
le bord du Bes, près Magnac. — Les eaux
minérales de la Condamine.

CHAZES (LES).

ENVIRONS. Le ravin de Vialin, près des Gar-
des ; gisement d'obsidienne. — Les deux cascades appelées *le Bordelou*. Le Col-de-Cabre.
— Le puy Mary ; sa belle végétation et la
perspective du sommet. — Le Griounau et le

puy Griou ; la vue du vaste cirque ou cratère de soulèvement au centre duquel il s'élève.

La font de Cère et le commencement de la vallée. — La vue du Plomb et du puy Griou. — La chaîne du Plomb ; le Plomb du Cantal ; sa perspective. — Le pic de la Croix.

FLOUR (SAINT-).

La cathédrale. — L'église des Jacobins. — La perspective du cours Chazerat. — La belle colonnade basaltique sur laquelle la ville est bâtie.

ENVIRONS. Roffiac. — La vue du village et les ruines de l'ancien château. — Les ruines du château de Saillant. — La belle cascade de Saillant et celle qui est au-dessus du hameau.

Chaliers. — Son vieux château. — Les eaux minérales de Clavières-d'Outre, et celles du hameau du Terreau.

Faverolles. — Son église. — Ses vieux châteaux. — Le rocher de Montchanson et ses eaux minérales.

Alleuze. — Les ruines du château d'Alotze ou de Louise. — Lavastrie ; son dolmen ou autel druidique. — Les puys de Bennac et de Montbrun.

ROQUEBROU (LA).

ENVIRONS. Son vieux château. — Le roc

Cobolaïre , espèce de dolmen dans le bois de la Margide.

MASSIAC.

Environs. La vallée de Massiac. — Les plateaux de la Magdeleine et de Saint-Victor. — La caverne ou grotte solaire. — La belle perspective de la côte de Massiac.

Les ruines du château de Colombines , près Molèdes. — Les eaux minérales de Conches. — Les ruines du château d'Aurouze, près Molompise. — L'église de Molompise et la chapelle de Vauclair. — Les ruines du château de Charmensac.

Peyrusse-le-Château , les ruines de sa forteresse. — Celles de l'ancien château d'Aubegeas.

Saint-Mary-le-Cros, son église. — La chapelle de Notre-Dame-de-Chasteloup et les ruines du château qui en est voisin. — Le rocher appelé la Chaire de Saint-Mary sur Montjournal. — Chapelle Laurent , Saint-Poncy, les ruines des châteaux de Chariac, du Fayet, de Beaucastel , de Vertéserre.

MAURIAC.

L'église de Notre-Dame-des-Miracles ; le chœur, la porte d'entrée, le zodiaque , les tableaux. — La pierre plantée de la Roussille.

— La lanterne des morts à l'entrée du cimetière.

Environs. Vallée de Drugeac. — L'église de Drugeac ; sa voûte, ses vitraux. — Le tableau au-dessus de l'autel. — Les deux tilleuls. — Celui de la cour du château. — L'ancien château de Scorailles. — Les eaux minérales de Saint-Gerand.

La vallée de Salins. — Le château de Mazerolles. — Les ruines du château de Chambre. — La chute de la rivière d'Auze, ou la cascade de Salins. — La fontaine des Druides. — La seconde cascade de Salins.

Les tumulus près du hameau d'Albo. — Les ruines du château de Miremont. — La source minérale de Jaleyrac. — Les tumulus du communal d'Ortriges. — La pierre de la Pendue. — La tour de l'Herm. — Le château de Montbrun. — La tour de Marlat. — Le château de Valens. — Celui de Veysset. — Les châteaux de Chavaroche et de la Veissière. — Les ruines de celui de Cheyrouse. — L'ancienne ville de Cotteughe dans le bois de Merliou. — La cascade du ruisseau de Sivière. — La font Bourdoire. — La vieille tour auprès d'Arches. — Le pic de Charlus. — Les ruines de Chastel-Marlhac. — La grotte des Fées.

Bort (Corrèze). La montagne des Orgues.

— Le saut de la Saule, magnifique cascade, dans un site horriblement sauvage.

MONTSALVY.

L'église. — L'hôtel-de-ville. — Le mur du Diable.

ENVIRONS. — La vue du puy de l'Arbre — Les ruines de plusieurs châteaux, près de Cassaniouze.

MURAT.

ENVIRONS. Le rocher de Bonnevie et ses belles colonnes de basalte. — La Tuillière. — La vue générale en quittant la Planèze pour descendre à Murat. — Les ruines du château de Chaylanes, et la vue de Murat prise de cet endroit.

Le château d'Auteroche et ses grottes. — Les grottes situées au-dessus de Fraisse-Haut et de la Veyssière, dont l'une servit de retraite à saint Calupan. — Le bois du Lioran et toute la vallée. — La cascade et le pont de Pierre-Taillée.

Bredon, ses habitations souterraines. — Son église et la montagne curieuse sur laquelle elle est construite. — La perspective du sommet de la montagne. — Les sources minérales du moulin de Stalapos.

La vallée de Dienne. — Le rocher basaltique de Laqueuille. — L'église de Dienne.

Le château de Jarousset, près la chapelle d'Allagnon. — Le rocher de Muratel. — Les vallons de Chavagnac et de Pille, près Virargues. — Chalinargues; son église et son château. — Les restes de l'ancien château de Cheylard et le rocher qui les supporte. — La belle cascade à l'est du château. — La forêt de pins de Chalinargues. — Joursac; son église. — Les ruines du château de Merdogne et la perspective des environs. — La cascade du Batein, entre Servière et Joursac, et ses prismes de basalte. — Les rochers basaltiques de Laval, près Moissac. — Fonostre; ses étangs et les ruines des châteaux de Fonostre, de Méjean et de Capel.

PIERREFORT.

ENVIRONS. Les eaux minérales de Rouvelet, près Sainte-Marie. — Celles du hameau de Fontaines, commune de Paulhenc. — L'ancien château de Turlande. — Le château et l'église de Pierrefort.

Brezons; sa situation pittoresque. — Le rocher et le château de Lavoix. — Le château de Griffaul. — Ceux de Perpezat et de Neyrebrousse, près Cézens.

RIOM-ÈS-MONTAGNES.

ENVIRONS. Les ruines du château de Saint-Angeau.

v fontanes et non fontanes

Vallée de la Véronne. — L'église de Collandre. — La route de la Reine-Blanche. — La pierre druidique de Pierre-Grosse, et les vestiges d'habitations romaines. — La cascade du Gour, près d'Albanies.

Vallée de Cheylade. — Le château de Cheylade. — Ceux des Curières, du Cayre et du Sartre. — La grotte du Cayre. — La source minérale de Chamalières. — Le rocher et les ruines du château d'Apchon.

Vallée de la Sumène. — La source minérale de Clidelle. — Celle de Revante, près de Tautal-Bas. — Les châteaux de Murat - l'Arabe et de la Clidelle. — Les ruines du château du Châtelet et celles de la Roche-Hubert. — Le lac de Bouboulie. — Le zodiaque de l'église d'Ydes, et ses autres sculptures. — La collection archéologique de M. Deribier, au château du Châtelet. — La source minérale de Montfouilhoux. — Celle d'Embelle, près de la Baraquette. — Le lac de Madic. — Le saut de la Saule.

SALERS.

La tour de l'horloge et la porte de la Martille.—L'église et le Saint-Sépulcre.—La chapelle de Notre-Dame-de-Lorette.

Environs. La belle vallée de Fontanges. —

La roche du Malle et les filons basaltiques des environs. — Le paysage de Cledar. — Fontanges ; son église, ses blanchisseries, les ruines de son ancien château. — La cascade de Cuzol-Bas. — Le village et les grottes de Cuzol. — Les cascades de Seilhols. — Le gisement des résinites. — Les eaux de la Bastide. — Le bois Noir.

Vallée de Chavaspre. — La cascade de Pissa del Coin et celle qui est à côté. — La vallée de Chavaroche. — Les troncs fossiles et la grotte au-dessous de la Peyre-Delcros. — La cascade près de la grotte. — Les quatre cascades près le buron *du Roussel*. — Le puy de Chavaroche et la vue du sommet. — Le puy Violent.

Vallée du Rieux. — Sa cascade et ses eaux minérales.

La vallée du Falgoux. — Ses magnifiques paysages. — Le roc des Ombres. — Les éboulemens près du rocher du Merle. — Le tilleul du Falgoux. — La grotte de l'Homme Noir. — L'éboulement et la cascade qui en sont voisins. — Les grottes et les cascades du hameau d'Espinouse. — Les ruines du château de Seyret.

La vallée de Saint-Paul. — La cascade entre les hameaux de Coudère et de Laubenie.

VIC.

Le paysage environnant les eaux minérales.

ENVIRONS. La magnifique vallée de la Cère. Thiézac et son éboulement en face. — Le pas de Compains, un des plus beaux sites du monde; ses éboulemens, ses brèches, ses forêts, ses cascades. — Le pas de la Cère, énorme coupure du rocher opérée par les eaux. — Le pont du Tournant-Blanc. — Les deux cascades de Vaurs. — Le rocher de Muret. — Le paysage et la cascade de Laprade.

Le château de Comblat. — Les grottes de Chabanusse. — L'ancien château de Polminhac. — Ceux de Murat, de Lagasse, de Clavier, de Vixouze.

Mandailles; le bassin de Mandailles et toute la vallée de la Jourdanne. — La mine d'alun, près des hameaux de Raimond et de Beneix. — La belle cascade de Liadouze. — Les eaux minérales de Perruchès. — Le saut de la Menette et ses deux cascades.

Saint-Cirgues et Lacelle. — Les ruines du château de la Peyre et les cavernes creusées dans le roc. — Les basaltes de Casmeyrolles et des Chambrettes, au-dessus des hameaux de Soulage et de Bonigues. — Le château d'Oyet.

~~~~~~

DÉPARTEMENT DE LA HAUTE-LOIRE.

LE PUY.

L'église cathédrale de Notre-Dame-du-Puy;
l'image de la Vierge. — L'église de Saint-
Laurent. — L'Hôtel-Dieu. — L'Hôpital-Général. — Le collége. — L'hôtel - de - ville. —
La préfecture. — Le musée du Puy. — Les
collections d'histoire naturelle. — Le rocher
de Corneille.

Environs. La perspective de la ville du Puy
et le bassin dans lequel elle est située. — Le
village d'Aiguilhe et le rocher qui le domine.
— L'église de Saint-Michel. — La chapelle de
Sainte-Claire, les rives de la Borne. — Les
sources qui fournissent l'eau à la ville. — Les
carrières de plâtre.

Vals; l'ancien couvent d'Augustines et son
église.—La vue prise de l'ancien ermitage de
Saint-Benoît. — Ceyssac; son rocher et son
château.—Sesgrottes, et son église souter-

raine, creusée dans le rocher. — Le gisement des Zircons, près du ruisseau de Riou-Pezouilloux. — Espaly-Saint-Marcel ; les ruines de son château, habité par Charles VII. — Ses carrières de brèches volcaniques.

Polignac ; les ruines de son château et le rocher sur lequel il était construit. — La source minérale des *Estreix*. — Saint-Quentin ; les ruines de l'église et du château.

Le point de vue du sommet d'Ours et Mons. — Saint-Germain-Laprade ; ses prairies. — La roche Rouge. — Les Rochettes. — La montagne de Peynastre et la belle vue du sommet. — La carrière à meules de Blavozy. — Coubon ; la vue des environs et des bords de la Loire. — Les ruines du château de Bourols. — La tour de Jandriac et le rocher qui la supporte. — Les grottes de la Terrasse.

Le château de Saint-Vidal. — Les grottes sur la rive droite de la Borne. — Le Ronc-Parti ou Rocher fendu. — Loudes ; la vieille tour du château fort. — Le lac de Collange. — La grotte près du moulin de Loudes. — La source minérale de Prolhac. — Le pic de la Durande, près Saint-Jean-de-Nay. — Le lac de Limagne. — Les ruines du château de Sereys. — A Sanssac-l'Eglise, la colonne mil-

liaire dans la cour du château de Barret. —
Les châteaux de Thiolent et de Vergezac.

BLESLE.

Les mines d'antimoine de la Chirèze et de
la Faye. — Les eaux minérales de Chantegeal,
près la Chapelle-Allagnon. — A Espalem, les
lacs de la Pénide.

BRIOUDE.

L'église de Saint-Julien. — La vieille horloge.

Environs. Vieille - Brioude ; les ruines de
son pont et le nouveau. — A Javaugues, la
belle vue du château de Cumignat. — La
Roche ; son rocher et les ruines de son château.

Paulhac ; son château ; ses eaux minérales. — Sainte-Florine ; ses mines de houille.
— A Vergongheon , les mines des Barthes.
— Le chantier de construction pour les bateaux , à Vezézoux.

CAYRES.

Environs. Le lac du Bouchet. — L'ancien
château de Saint-Didier-d'Allier.

La source minérale des Salles , près le
Brignon. — Solignac ; son château et son église.
— La cascade de la Baume.

CHAISE-DIEU (LA).

L'ancienne abbaye. — L'église abbatiale.

ENVIRONS. La source gazeuse de la Soucheyre.

CRAPONNE.

Sa tour carrée et sa vieille porte.

ENVIRONS. Les eaux minérales de la Soucheyre. — Les eaux minérales de Lapras, près Saint-Julien-d'Ance. — Les anciennes mines de plomb. — Tiranges ; les deux ponts de pierre sur l'Ance. — Les ruines de l'ancien château de Chalançon.

JULIEN-CHAPTEUIL (SAINT-).

Les ruines du château fort — Le rocher de l'église et les prismes basaltiques.

ENVIRONS. Les grottes de Saint-Pierre-Eynac. — Les ruines du château d'Eynac. — Celles de celui d'Ardeyroles et la belle vue de ces ruines.

Queyrières ; les ruines de son château et la butte de basalte prismatique sur lequel il était bâti.

Fay-le-Froid ; la carrière de phonolite ou pierres tégulaires de Chaudeyroles. — Les ruines du château fort, près de la cime du Mézenc. — Les grottes taillées dans le roc à Chanteloube. — Les sources minérales des environs.

3

LANGEAC.

ENVIRONS. Les carrières à meules à aiguiser. —Les mines de houille de Marsanges. — A Pinols, l'autel druidique. — La montagne de Montboissier. — Chazelles; le paysage des environs. — Pébrac; l'église, ancien prieuré; le glissement du terrain sous la roche qui la supporte.

Chanteuges; le pont sur la Dège. — La position pittoresque de la vieille abbaye de Chanteuges. — Saint-Arcons-d'Allier; les basaltes prismatiques sur la rive droite de l'Allier et du Javoulx.

Saint-Julien des Chazes; l'ancienne abbaye. —A Prades; les ruines du pont sur l'Allier. — Le paysage des environs. — La source minérale au bord d'un ruisseau. — Charraix; la carrière de pierre de taille. — Le château de Chamblève et les ruines de celui de Besc.

MONASTIER (LE).

Les sculptures au-dessus de la porte de l'église. — Les grottes au-dessus et près de la ville.

ENVIRONS. La carrière de lignites de l'Aubépin, près Lausonne. — Lantriac; ses grottes et celles de Couteaux. — Les eaux minérales des Pandraux, et le filon de basalte dans le granite, près de la source.

A Saint-Martin-de-Fugères, les eaux minérales des Salles. — Celles de la rive droite de
la Loire. — Goudet; les ruines de Château-
viel, et celles du château de Beaufort. — Ar-
lempdes; les grottes et les basaltes. — Les
ruines du château. — Le temple naturel de
Masclaux. — Barges; les ruines d'un château
fort.

Près les Estables, le lac d'Arcône ou de
Saint-Front. — Les grottes des Estables et
celles de Bournac. — Le mont Mézenc.

MONISTROL.

L'ancien château, l'église et l'hospice.

Environs. Les ruines du château de Roche-
baron, près Bas. — Les eaux minérales —
Les fabriques de poterie.

Saint-Maurice-de-Lignon; les ruines du
château de Maubourg et d'un autre sur le
Lignon.

Sainte-Sigolène; les ruines du château de
Latour. — Le château de Villars. — Le filon
de basalte dans le granite. — Le village de Ro-
chouse sur le basalte, au milieu des granites.
— Les mines abandonnées de Chanteloube,
près Saint-Pal-de-Mons. — Le château de la
maison Dupeloux, de Saint-Romain.

Saint-Didier; les fabriques de rubans et les

filatures de soie. — Les bâtimens de l'abbaye de la Séauve. — Saint-Victor-Malescours; les souterrains dans le granite.

MONTFAUCON.

ENVIRONS. Les vestiges d'une voie romaine à Raucoules. — Les carrières de granite, près Lapte.

Dunières; ses fabriques de soie et de rubans. — La vieille tour. — La montagne de Fultin, près Saint-Julien-Molhesabate. — Riotord; l'ancienne abbaye de Clavas.

PAULHAGUET.

ENVIRONS. La Chomette; les carrières de brèches volcaniques. — A Saint-Didier-sur-Doulon, le mamelon volcanique, au milieu du granite, vis-à-vis Maison-Neuve.

Saint-Privat-du-Dragon; le château d'Alleret, et le bel établissement agricole de M. le comte de Macheco. — Chillac; ses basaltes et ses laves. — Lavoute-Chillac; l'église. — Le pont sur l'Allier. — A Ally, les mines d'antimoine.

PAULIEN (SAINT-).

ENVIRONS. Borne; les grottes dans la brèche argileuse. — Les grottes et le château de la Rochelambert. — Le gisement de lignites.

La Voûte; le pont sur la Loire. — Les ruines du château — Les anciennes mines de plomb. — A Saint-Vincent, l'ancien prieuré de Viaye.

Près Allègre, le beau cratère au sommet du bois de Bar.

SAUGUES.

La tour du clocher ; sa sonnerie. — Le monument du général anglais. — Les fabriques d'étoffe.

ENVIRONS. Les eaux minérales d'Andruejols, sur la Seuge. — Grèses ; la tour octogone et les ruines du château fort à la Clause. — A Chanaleilles, les ruines du Pont-sur-Allier.

A Monistrol d'Allier, l'effet pittoresque des masses basaltiques. — Les perles de la Virlange. — Les caves de l'Esclusel. — La chapelle de Ste-Magdeleine, creusée dans le basalte. — A St-Privat-d'Allier, les grottes basaltiques, près des bords de l'Allier. — La tour de Rochegude.

La Besseyre-St-Mary ; l'ancien château du Besset. — A Nozeyrolles, la verrerie de Colany.

TENCE.

Les fabriques de blonde. — La papeterie. — Le moulin à soie.

VOREY.

ENVIRONS. Les eaux minérales de Margeaix,

súr la Loire, près Beaulieu. — Rozières; les filons de mines de plomb et de chaux fluatée.

La montagne de Miaune, près Roche-en-Regnier. — St-Pierre-Duchamps; les ruines du vieux château d'Arzon. — Chomelix; sa colonne milliaire. — Les ruines du château fort.

YSSINGEAUX.

ENVIRONS. La forêt et l'ancienne abbaye de Bellecombe. — La montagne de Testevoyre, près Araules. — La carrière du mont Clarel. — Le pic de Lizieux. — Les ruines du fort de Bonas. — St-Jeure; les châteaux de la Rochette, du Fort, du Bouchet, de Salecrup et de la Borie.

Glavenas; les ruines d'un château fort. — Les dragées calcaires. — St-Julien-du-Pinet; l'ancien château. — Le pont de l'Enceinte. — Les ruines du château d'Artias, près Retournac. — Le château où naquit le comte de Vaux. — Le chantier pour la construction des bateaux.

CATALOGUE

DES

DIVERS OUVRAGES,

MÉMOIRES, CARTES OU DESSINS

RELATIFS A L'AUVERGNE.

※——◆◆◆——※

Nous avons cru convenable de partager cette liste d'ouvrages en quatre séries : dans la première se trouvent tous ceux qui concernent l'ancienne province d'Auvergne en général ; la seconde contient ceux qui regardent spécialement le département du Puy-de-Dôme ; dans la troisième sont rangés ceux qui sont relatifs au département du Cantal ; et enfin, la quatrième renferme ceux qui appartiennent au département de la Haute-Loire. Chacune de ces séries offre elle-même quelques divisions destinées à faciliter les recherches.

Une partie de ces ouvrages, et principalement les modernes, se trouvent à Clermont chez les libraires : d'autres sont devenus extrêmement rares ; et enfin, quelques-uns existent seulement en manuscrit. On peut, du reste, consulter la majeure partie de ceux qui sont indiqués dans ce catalogue, à la bibliothèque publique de Clermont-Ferrand, où ils ont été réunis par le zèle infatigable de M. Gonod, son bibliothécaire. C'est à sa complaisance et à son amitié que je dois presque entièrement la liste indicative que je publie : elle peut être considérée comme le cadre d'une bibliographie d'Auvergne, dont il possède en grande partie les matériaux, et qu'il publiera probablement un jour, avec tous les développemens qu'exige un tel ouvrage. Je le prie d'agréer mes remercîmens pour l'obligeance et le désintéressement avec lesquels il a bien voulu me communiquer ce travail (1).

———————

(1) Les personnes qui ne voulant pas étudier l'Auvergne, désireraient seulement connaître les ouvrages où elles trouveront les renseignemens les plus nécessaires, pourront se procurer : pour le Puy-de-Dôme, l'*Itinéraire du département avec la carte*, par MM. Lecoq et Bouillet ; la *Statistique du département*, par M. Gonod ; pour le Cantal, la *Description scientifique et historique de la Haute-Auvergne*, par M. Bouillet ; pour la Haute-Loire, la *Statistique du département*, par M. Deribier de Cheissac.

PREMIÈRE SÉRIE.

OUVRAGES RELATIFS A L'AUVERGNE EN GÉNÉRAL.

§ Ier. — *Ouvrages généraux.*

Annales scientifiques, littéraires et industrielles de l'Auvergne, publiées par l'Académie de Clermont, et rédigées par *H. Lecoq.* 1828 à 1834. 7 volumes in-8°.

Mémoire concernant la province d'Auvergne, dressé par M. l'intendant de la province (*Lefebvre d'Ormesson*), en 1698 ; manuscrit à la bibliothèque de Clermont, imprimé en partie dans le tome II de l'*Etat de la France*, par M. le comte de *Boulainvilliers.*

Supplément au précédent, par M. de *Balainvilliers*, intendant de la province, en 1762. Manuscrit.

Journal de la cour royale de Riom.

Collection du *Journal du Puy-de-Dôme*, continué sous le titre de *Gazette d'Auvergne ;* années 1807 et suivantes. A la bibliothèque de Clermont.

Collection du journal *l'Ami de la Charte*, depuis sa fondation. A la bibliothèque de Clermont.

Collection du journal *le Patriote*, depuis sa fondation. A la bibliothèque de Clermont.

Tableau de la ci-devant province d'Auvergne, suivi d'un précis historique, etc., par *Rabany-Beauregard et Gault.* Paris, 1802, in-8°, avec planches.

Cosmographie de *Belle-Forest*, tome I.

Nouvelle description de la France, par *Piganiol de la Force*, tome VI.

Le Voyageur français, etc., par l'abbé *de la Porte* et *Domairon*, tome XXXI.

Mélanges tirés d'une grande bibliothèque (par le marquis *de Paulmy* et *Contant d'Orville*), tom. mm.

Dulaure. Description de la France, tome V; Auvergne, in-18.

Voyage en Auvergne, par *Legrand d'Aussy ;* 3 volumes in-8°.

Voyage pittoresque et romantique dans l'ancienne Auvergne, par MM. *Ch. Nodier, J. Taylor* et *de Cailleux;* in-folio.

Voyage en Auvergne et aux rives du Lignon, par *Joachim Conhert-Detruchat.* Paris, 1810, in-18.

§ II. — *Topographie.* — *Histoire naturelle.* — *Agriculture.*

CARTES. Auvergne, Paris , in-folio.

Auvergne, par *Jean du Bouchet.* Paris, 1645; Amsterdam. 1613, in-folio.

La même, par *Amable du Fretat,* en deux feuilles, gravée à la Flèche. Paris, 1672 , in-folio.

La même, ou généralité de Riom, par *Jaillot,* 1715, in-folio.

Carte chorographique de la généralité d'Auvergne (dressée par *Dulaure*). 1786, plusieurs fois réimprimée.

Certificat authentique, et notes historiques sur icelui , au sujet des anciennes limites du pays de Velay , avec celles des provinces d'Auvergne et Forez, et autres éclaircissemens relatifs audit pays de Velay , et à l'illustre et ancienne maison de Polignac , par M. *Dominique Garde des Fauchers.* Montpellier, 1777, in-4°.

Calendrier d'Auvergne pour 1759 , in-24; *idem* pour 1762, in-12 ; contenant des notions topographiques sur les villes et bourgs de cette province.

Observations sur les volcans de l'Auvergne , par M. *Lacoste.* Clermont, an 11 , in-8°.

Lettres minéralogiques, par M. *Lacoste.* Clermont, 1805, in-8°.

Essai sur les volcans d'Auvergne , par M. *de Montlosier* , pair de France. 1789—1802 , in-8°.

Observations sur les volcans d'Auvergne, par *Dolomieu.* Voyez Journal des Mines, tome VII, p. 393, 394.

Observations de *Muthuon* sur les rapports de Dolomieu ; *ibid.* , t. VIII, p. 869.

Observations sur les volcans d'Auvergne, par *Léopold de Buch* ; *ibid.*, t. XIII, p. 249.

Lettres de M. *Léopold de Buch* sur l'Auvergne , en allemand. — Traduction française, par Mme *de Kleinchrood.* Manuscrit.

Dufresnoy et *Elie de Beaumont.* Mémoire sur les groupes du mont Dore et du Cantal , et sur les soulèvemens auxquels ces montagnes doivent leur relief actuel. Annales des mines , juillet 1833.

Poulett Scrope. Memoir on the geology und volcanic formations of central France, 1827 , in-4°, planches.

Burat. Description des terrains volcaniques de la France centrale , in-8°, avec planches.

Discours sur le climat de la province d'Auvergne , par M. *Duvernin* , médecin. Clermont-Ferrand , Boutaudon , 1748 , in-8e de 29 pages.

Mémoire sur la minéralogie d'Auvergne, par *Guettard*. (Académie des sciences, année 1759, pages 24 et 538.)

Mémoire sur la liaison des volcans d'Auvergne avec ceux du Gévaudan, etc., par *Pazumot*. (Observations sur la physique, 1782, tome XX, page 217.)

Mémoire sur quelques montagnes de la France qui ont été volcans, par *Guettard*. (Académie des sciences, 1752, page 27.)

Mémoire sur l'origine et la nature du basalte en Auvergne, par *Desmarest......* (Collection académique, tome XV, page 101; et Académie des sciences, année 1771, page 705.)

Mémoire sur la formation des basaltes d'Auvergne, par *Delarbre*. (Observations sur la physique, 1787, tome 31, page 133.)

Passages de colonnes ou prismes de basalte à l'état de boules, par *Besson*. (Observations sur la physique, 1787, page 149.)

Dessins représentant des basaltes en boules et en colonnes, par *Besson*. Paris, chez Basset, rue St-Jacques, n° 64.

Observations de *Mossier* sur le basalte d'Auvergne. Voy. Journal des Mines, tome XVI, page 486.

Extrait d'un mémoire sur les volcans et les basaltes de l'Auvergne, par *J.-F. Daubuisson*. (Journal de physique, tome 58, page 310.)

Mémoire sur les basaltes, par *Desmarest*. (Académie des sciences, 1773. Histoire, pages 39 et suiv. — Mémoires, p. 599.)

Description des mines de l'Auvergne, par *le Monnier*. (Observations d'histoire naturelle. V. Mém. Acad. des sc., 1740.)

Rapport fait à l'institut sur ses voyages en Auvergne et aux Alpes, par *Dolomieu*. Journal de physique, 1798.

Dissertation sur les débris des volcans d'Auvergne, et sur les roches qui s'y trouvent, par *Monnet*, chanoine de la Sainte-Chapelle de Vic-le-Comte, in-4°.

Des eaux minérales d'Auvergne et du Bourbonnais, par *J.-B. Chomel*. Mém. de l'Académie des sciences, 1708, page 59.

Description des sources minérales de l'Auvergne, par *le Monnier*. (Observ. d'hist. nat.); Mém. Acad. des sciences, 1740.

Description des eaux minérales, bains et douches du Mont-Dore et de divers lieux de l'Auvergne, avec leur analyse, vertu et usage, par *J.-F. Chomel*. Clermont-Ferrand, 1733, in-12.

Analyse des eaux minérales d'Auvergne, par *Vauquelin*, au mois d'août 1799. Manuscrit.

Mémoire renfermant des détails sur la lithologie de l'Auvergne et des environs, par M. *Cocq*. Voyez Journal des Mines, 1806, tome XIX, page 409.

Lettre sur la constitution du sol de l'Auvergne, par le marquis de *Laizer. Ibid.*, tome XXIII, page 407.

Mémoire sur les petits volcans dans les anciennes montagnes volcaniques, et en particulier sur celui de la montagne de Coran (Puy-de-Dôme), par *Monnet*. Journal des Mines, t. XI, p. 273.

Flore d'Auvergne, par *Delarbre*, 2 volumes in-8°.

Description des plantes qui croissent sur les montagnes d'Auvergne, par M. *le Monnier*. Mém. de l'Acad. des sciences. (Obs. sur la mérid.) 1740.

Histoire des plantes d'Auvergne, par J.-B. *Chomel*. Histoire de l'Académie des sciences, 1702, page 44; 1703, page 57; 1704, page 41; 1705, page 69; 1706, page 87.

Mémoire pour servir à l'histoire des plantes en Auvergne, etc., par *Charles*, médecin, avec des additions, par *Chomel*; manusc.

Essai zoologique sur l'Auvergne, par *Delarbre*.

Dissertation sur le tempérament des Auvergnats, par *Duvernin*; manuscrit.

Recherches sur les épidémies qui ont ravagé l'Auvergne, par M. le docteur *Peghoux*, in-8°, 1834.

Observations économiques et politiques sur les montagnes de l'Auvergne, par *Brieude*, médecin, 1802, in-8°.

Voyage agronomique en Auvergne, par M. *de Pradt*. Paris, 1804, in-8°.

Excursion agronomique en Auvergne, par *Yvart*. 1819, in-8°.

Lettre à M. Tiolier, par M. *François de Neufchâteau*, sur l'agriculture de l'Auvergne. (Voy. Mémoires de la société d'agriculture, année 1815.)

Voyage d'*Arthur Young*. Ses remarques sur l'agriculture d'Auvergne.

Dissertation sur le mûrier blanc, et sur la bonté de la soie que l'on peut recueillir en Auvergne, par M. *Ternier*. Manuscrit.

Observations sur la maladie qui attaque les bêtes à cornes et les chevaux dans la généralité d'Auvergne. Merc. 1731, octobre, p. 2396; et Bibliothèque de médecine, in-4°, tome III, page 19.

§ III. — *Administration de la province.*

Coutumes générales et locales de la Haute et Basse-Auvergne; leur explication, par M. *Chabrol*. Riom, 1786, 4 vol. in-4°.

Recueil des arrêts, déclarations, etc. de la cour des Grands-Jours tenus à Clermont en 1665 et 1666. Clermont, 1666, in-4°.

Dissertation historique sur la distribution des siéges de justice de l'Auvergne, par D. *Verdier-Latour*. Manuscrit de la bibliothèque de Clermont.

Dissertation sur le franc-aleu de la province d'Auvergne, et sur divers articles de la Coutume, par F. *Andraud*, in-8°.

La practique de Masuer, ancien jurisconsulte et practicien de France, mise en français par *Antoine Fontanon*. Paris, 1606, dernière édition, in-4°.

Discours sur l'origine du partage de l'Auvergne en pays de droit écrit et en pays coutumier, par M. *Tixier* jeune, avocat. Clermont-Ferrand, Boutaudon, 1748, in-8° de 16 pages.

Recueil concernant la juridiction consulaire, etc., par *Cortigier*. 1722, in-4°.

Collection de jurisprudence relative à la Cour des aides de Clermont-Ferrand, par M. *Etienne Huguet*. Manuscrit de la bibl. de Clermont.

Essai sur la nature et la répartition de l'impôt en Auvergne, 1787, in-8°.

Doléances sur les surcharges que les gens du peuple supportent en toute espèce d'impôts, etc., par Me *J.-F. Gauthier de Biauzat*. 1788, in-8°.

Administration et améliorations d'utilité publique, adaptées à l'Auvergne, etc., par M. de *Sistrières-Murat*. 1786, in-4°.

Recherches historiques sur les états-généraux, et sur l'origine, l'organisation, etc., des états provinciaux d'Auvergne, par *Bergier* et D. *Verdier-Latour*. 1788, in-8°.

Recherches historiques et politiques sur l'origine des assemblées d'état, et en particulier de ceux de l'Auvergne, par M. *de Tournemine*. 1789, in-8°.

Procès verbal des séances de l'assemblée provinciale tenue à Clermont en 1787, 88, 89 et 90, in-4°.

Coup d'œil sur l'Auvergne, ou lettre à M. Per..... (Perron), avocat au parlement de Paris, par M. le B........ (*le Bouvier des Mortiers*). 1789, in-8°.

§ IV. — *Documens historiques.*

Dissertation sur l'origine des Arvernes ou Auvergnats, par M. *Cortigier*; manuscrit. Extr. Merc. 1759, avril, page 162.

Mémoire de M. Beaumesnil sur les antiquités de l'Auvergne, déposé à la bibliothèque de l'Institut. Manuscrit.

Recueil de dessins d'antiquités trouvées en Auvergne, et recueillies par les soins de M. *de Laizer*. Manuscrit de la bibliothèque de Clermont.

Dissertation sur l'étendue de l'ancien royaume des Auvergnats, etc., par *Dufraisse de Vernines*. Manuscrit.

Dissertation sur le royaume d'Anvergne, par *D. Deschamps*. Manuscrit. Extr. Merc., 1765, mars, page 126.

Dissertation sur les familles sénatoriales des Gaules et de

l'Auvergne en particulier, par *Cortigier.* Manuscrit. Extr. Merc., 1762, avril, page 129.

Dissertation sur les familles sénatoriales de l'Auvergne, par M. *Martinon*, curé d'Anson. Manuscrit.

Chronologie historique des comtes et des dauphins d'Auvergne, par D. *Fr. Clément*, bénédictin ; dans l'*Art de vérifier les dates.*

Histoire des dauphins d'Auvergne, par *Lequien de la Neuville.* 2 volumes in-8°.

Mémoire sur les dauphins d'Auvergne, par M. *le Masson.* Manuscrit.

Préliminaires de l'histoire d'Auvergne, par M. *de Sistrières-Murat.* Paris, 1782, in-12.

Résumé de l'histoire d'Auvergne, par un Auvergnat (M. *Talandier*). Paris, 1826, in-18.

Histoire de l'Auvergne, par *Audigier.* 12 volumes in-4°. Manuscrit de la bibliothèque royale.

Recueil de pièces relatives à l'histoire ecclésiastique de l'Auvergne. (Plusieurs volumes à la bibliothèque de Clermont.)

Origine du titre de dauphin dans la maison d'Auvergne. (Mémoires de l'Académie des inscriptions et belles-lettres, tome VIII, page 708.)

Discours historique sur la féodalité et l'allodialité, suivi de dissertations sur le franc-aleu des Coutumes d'Auvergne, du Bourbonnais, du Berry, de Champagne, etc., par M. *Chapsal.* Paris, 1789, in-8° de 403 pages.

Projet de l'histoire d'Auvergne, in-4°, 16 pages.

Recherches et mémoires sur l'histoire d'Auvergne, par M. *Chabrol.* 1761, in-8° et in-4°.

Dissertation sur l'époque de l'établissement du christianisme en Auvergne, par M. *Ribaud de la Chapelle.* Manuscrit.

Mémoire concernant les rois d'Aquitaine, ... les comtes d'Auvergne, les vicomtes de Carlat et de Murat, etc., par *Jean de Lugnat*, avocat au bailliage et siége présidial du Haut-Pays d'Auvergne. Manuscrit. (Écrit vers 1630.)

Narration historique et topographique des convens de l'ordre de Saint-François, par *J. Fodéré.* Lyon, 1619, in-4°.

Etrennes ecclésiastiques, et pouillé de la province d'Auvergne, par M. *Chardon.* In-12.

Hist. S. Calmini, seu monasterii sancti Theofredi, in diœcesi Aniciensi, auctore Bernardo Guidonis, episc. Lodovens. Labbe, Nov. bibl. I, p. 636.

Histoire de la vie de saint Calmin, duc d'Aquitaine, fondateur des monastères de Saint-Chaffre en Velay, et de Mozac en Auvergne, etc., par le P. *Thomas d'Aquin.* Tulle, 1646, in-8°.

La vie des saints et saintes d'Auvergne et de Velay , par J. Branche. Au Puy, 1652 , in-8°.

Histoire des guerres des Anglais en Auvergne , par D. Verdier-Latour. Manuscrit de la bibliothèque de Clermont.

Titres concernant l'Auvergne , pour sa défense contre les Anglais. In-folio.

Histoire de la vie , faits héroïques, etc., de Louys, duc de Bourbon, par d'Orronville. Paris , 1612 , in-8°.

Mémoire de Jean Vernyes , président en la cour des aides de Montferrand , sur l'état politique de l'Auvergne en 1589 , adressé à Henri IV. Manuscrit.

Les divers genres de célébrités de l'Auvergne , par M. P.-Q. Aigueperse. Clermont-Ferrand , 1831 , in-8°.

Biographie ou dictionnaire historique des personnages d'Auvergne , illustres ou fameux par leurs écrits , leurs exploits, etc., par P.-Q. Aigueperse. 1834, 2 volumes in-8°.

Mémoire sur la vie de l'empereur Avitus , par M. Teillard de Beauvezeix. Manuscrit. Extr. Merc. , 1759 , décembre, page 32.

Mémoire sur la vie d'Ecdicius , par le même. Manuscrit. Extr. Merc. , 1761 , avril, page 117.

Les vies de plusieurs savans et hommes illustres de la province d'Auvergne , par M. Chardon (Guillaume), Clermont, 1767, in-12.

Notices historiques , géographiques et généalogiques sur la Haute et Basse-Auvergne. In-folio. Manuscrit de la bibliothèque de Clermont.

Remontrances au roi pour la noblesse et tiers-état de la province d'Auvergne , sur la proposition de donner l'Auvergne au duc de Bouillon , etc. 1649 , in-4°.

Armorial d'Auvergne , Bourbonnais et Forez ; in-folio, à la bibliothèque royale.

Stemma arvernicum , seu genealogia comitum Arverniæ , ducumque Aquitaniæ primæ, et comitum Claromontensium, à Christ. Justel. Parisiis, 1644 , in-folio.

Généalogie des anciens comtes et vicomtes d'Auvergne. Voyez Simplicien , tome VIII , page 47.

Généalogie de la famille d'Auvergne. Voyez Histoire de Berry, par de la Thaumassière , page 1133.

Histoire généalogique de la maison d'Auvergne, etc. , par Justel. Paris , 1645 , in-folio.

Histoire généalogique de la maison d'Auvergne , etc. , par Baluze. Paris , 1708 , 2 vol. in-folio.

Mémoire de Sorin , examinateur de l'histoire composée par M. Baluze , in-4'.

Observations critiques sur l'histoire publiée par M. Baluze, par *François de Camps*, abbé de Sugny. Manuscrit. *Voyez* Journal des savans; juin 1709; Journal de Verdun, juillet 1709; Niceron, tome I, page 200; Lenglet; Méth. hist., in-4°, tome IV, p. 439.

Inventaire général de toutes les maisons nobles de la province d'Auvergne qui comparurent; 1°. en 1656; 2°. en 1666; in-folio. Manuscrit de la bibliothèque de Clermont.

Production des titres de la noblesse d'Auvergne, 5 volumes in-folio. Manuscrit de la bibliothèque de Clermont.

Nobiliaire d'Auvergne, par *D. Coll*, 1782, in-4°. Manuscrit de la bibliothèque de Clermont.

DEUXIÈME SÉRIE.

OUVRAGES RELATIFS AU DÉPARTEMENT DU PUY-DE-DÔME.

§ Ier. — *Ouvrages généraux et voyages.*

Itinéraire du département du Puy-de-Dôme, par MM. *Lecoq* et *Bouillet*. 1 volume in-8°, contenant l'indication des principales curiosités, avec une carte coloriée.

Statistique du département du Puy-de-Dôme, par M. *Conod*. Paris, 1834, in-8°, avec une carte.

Notice sur l'Auvergne, et sur la ville de Clermont, par *Delarbre*, 1805, in-8°.

Crayon du Puy-de-Dôme, par M. *de Voyny*, 1826, in-8°.

Statistique du département du Puy-de-Dôme, par M. *Ordinaire*, manuscrit rédigé vers 1804.

Annuaires du département du Puy-de-Dôme.

Dialogo pio et speculativo, etc., di M. *Gabriël Symeoni Fiorentino*, *in Lione*, 1560, in-4°.

Description de la Limagne d'Auvergne, en forme de dialogue, etc., trad. de l'italien, de Gabriël Siméoni, par *Antoine Chappuys*. Lyon, 1561, in-4°.

Voyage dans le département du Puy-de-Dôme, par *Lavallée*, an 4, in-8°.

Itinéraire de Clermont au Puy-de-Dôme, et retour par la vallée de Royat, par *H. Lecoq*.

La Druidesse ou la Fée de Royat, poëme par M. *Raymond*.

Dix jours au Mont-Dore ; pièce de vers de M. *Réné Taillandier*. Paris, 1830, in-8°.

Promenades à Royat, et souvenirs du Mont-Dore, vues pittoresques dessinées et lithographiées par *Delorieux*.

§ II. — *Topographie. — Histoire naturelle. — Agriculture.*

Cartes du Puy-de-Dôme, par *Chanlaire*, *Dauty*, etc.

Puy-de-Dôme divisé en huit districts, par *Poirson*, ingénieur (en médaillon de trois pouces).

Cartes du département du Puy-de-Dôme, comprenant les cantons de Rochefort, Herment, Bourg-Lastic, Pontgibaud, Riom, Ennezat, Maringues et Lezoux, par M. *Busset*.

Dictionnaire topographique des communes du département du Puy-de-Dôme, extrait des Annuaires de 1814 et 1817, in-18.

Nivellemens barométriques exécutés par le baron *Ramond*, dans le département du Puy-de-Dôme.

Vues générales sur l'histoire naturelle des environs de Clermont, par M. *Mossier*, médecin, an 4, in-8°.

Recherches sur l'ancien état de la Limagne, par M. *Ordinaire*, Clermont, 1787, in-8°.

Mémoire sur la plaine actuelle de la Limagne, par M. *Ramond*. Voyez Journal des Mines, tome XXIV.

Carte de la Limagne d'Auvergne, par *Gabriël Symeoni*, 1560, 1598, 1613, 1637.

Desmarest. Cartes géologiques d'une partie du département du Puy-de-Dôme. 7 feuilles.

Vues et coupes des principales formations géologiques du département du Puy-de-Dôme ; 2 vol. texte et un atlas, par MM. *Lecoq* et *Bouillet*.

— Les mêmes, accompagnées de 200 échantillons de roches et minéraux représentant la constitution du sol de l'Auvergne.

Topographie minéralogique du département du Puy-de-Dôme, par M. *Bouillet*.

Promenades aux environs de Clermont, ou souvenirs du congrès géologique de 1833, par *H. Lecoq*.

Souvenirs d'un congrès scientifique (tenu à Clermont en 1833), par M. *Tournal*. In-8°.

Communication faite à la société géologique de France, dans la séance du 6 avril 1835, relative à la réunion de la société géologique en Auvergne en 1833, par M. le comte *de Laizer*.

Recherches sur les ossemens fossiles du département du Puy-de-

Dôme, par MM. *Bravard*, *Croizet* et *Jobert*. In-4°, avec planches.

Essai géologique et minéralogique sur les environs d'Issoire, par MM. *Devèze* et *Bouillet*. 1 volume in-folio, avec planches.

Monographie de la montagne de Perrier, par M. *Bravard*, in-8°.

Considérations sur des ossemens fossiles la plupart inconnus, trouvés et observés dans les bassins de l'Auvergne; par M. *Geoffroy-Saint-Hilaire*. Voyez Revue encyclopédique, 1833.

Aperçu géologique sur une partie de l'Auvergne, spécialement sur les environs de Clermont-Ferrand, par M. de *Kleinschrood*, journal Herta, xıve vol., en allemand. — *Idem*, traduction française, par M. *L. Ramond*. Manuscrit.

Description du volcan de Pariou, par M. *H. Lecoq*, avec planches.

Lettre sur le puy Chopine, par le marquis *de Laizer*. 1803, in-8°.

Sur le corindon et l'haüyne, par le même. Annales des Mines, 1808, n° 136.

Sur la géognosie de la Limagne d'Auvergne, avec une carte des environs de Clermont, par le même. Annales des Mines, 1808, n° 158.

Notice sur les formations bitumineuses, etc., par M. le comte *de Laizer*. Annales des mines, de M. Leonhard (en allemand).

Notes communiquées à la société philomatique sur la dusodyle, etc., par le même. Annales des sc. nat., octobre 1828.

Essai sur l'entomologie du département du Puy-de-Dôme, par M. *Baudet-Lafarge*, in-8°.

Carte du Mont-Dore, par MM. *Sauty* et *Grenier*.

Recherches sur les eaux du Mont-Dore, par M. le docteur *Bertrand*. 1 vol. in-8°, avec planches.

Le Mont-Dore et ses environs. Description pittoresque par *H. Lecoq*. 1 vol. in-8°., avec 16 vues lithographiées.

Coup d'œil sur les monts Dores, par MM. *Lecoq* et *Bouillet*, avec planches.

—Le même, avec une caisse contenant 50 échantillons de minéraux recueillis au Mont-Dore.

Du mont Dore, de sa formation, de sa composition et de son origine, par M. le comte *de Montlosier*, in-8°, 1834.

Mémoire sur la mine d'alun du Mont-Dore, par M. *Cordier*. 1826, in-8°.

Deux promenades aux monts Dores, pour l'étude de la question des cratères de soulèvement, par M. *N. Boubée*, in-18.

. Merveilles des eaux naturelles et fontaines médicinales les plus

4

célèbres de France (Vichy, Mont-Dore, ...), par *J. Banc*, 1605, in-8°.

Observations sur les eaux thermales de Bourbon-l'Archambault, de Vichy et du Mont-Dore, par *Brieude*. Paris, 1788, in-8°.

Examen des eaux minérales du Mont-Dore, par *le Monnier*. Mémoires de l'Académie des sciences, 1744, page 157.

Observations sur les eaux du Mont-Dore, par M. *Chomel*. Hist. de l'Acad. des sc., 1702, page 44.

Mon voyage au Mont-Dore, par l'auteur du voyage à Constantinople (M. *de Salaberry*). Paris, 1802, in-8°.

Mémoire sur le puy de la Poix, par M. *de Caldaguès*, chantre et chanoine de Montferrand. Manuscrit.

Analyse du bitume du puy de la Poix, par *Ozy*. Manuscrit. — Voyez aussi Journal des Mines, tome I, page 63.

Extrait d'un mémoire sur la nature et la formation du fer spéculaire de Volvic, du puy de Dôme, du mont Dore, etc., par M. *Delarbre*, médecin. (Journal de physique, août 1786.) In-4° de 10 pages.

Mémoire sur le tripoli de Menat, par M. *Guettard*, (Académie des sciences, année 1755, page 177.)

Examen du schiste bitumineux de Menat, son analyse, etc. Voyez Annales de l'Industrie nat. et étr., n° 48 (1822).

Analyse des eaux minérales de la Bourboule, par *Ozy*. Mercure, 1756.

Observations sur les eaux thermales et minérales de la Bourboule, par M. *Choussy*. 1828, in-8°.

De la vertu et puissance des eaux médicinales de Vic-le-Comte près Billom, et de Saint-Myon près Riom, par *Jean Landrey*. Orléans, 1614, in-12.

Bref discours des fontaines de Vic-le-Comte, par *Fr. de Villefeu*. Lyon, 1616, in-8°.

Analyse des eaux minérales de Châteauneuf (Puy-de-Dôme), par *Vallet*.

Essai sur les eaux minérales de Châteauneuf, et leurs propriétés physiques, chimiques et médicinales, par M. *Salneuve*, in-8°, 1834.

La fontana di Roiag in Arverniâ, da *Gab. Symeoni*, et topographia ad unguem expressa mirandi sub Rubiaco Arvernorum fontis. *Voyez* La natura e effetti della luna nelle cosa humana..... *Gabr. Symeoni.* In-4°.

Promenade à Royat, par M. Rabany-Beauregard. Clermont, 1823, in-8° de 32 pages.

Analyse des eaux minérales de Saint-Alyre, par *Ozy*. 1749, in-8°, 8 pages.

Analyse des eaux minérales de Saint-Mart, près Chamalières et Clermont, par *Ozy*. Manuscrit.

Discours de M. *Fleury*, sur la topographie médicale du département du Puy-de-Dôme, 1829, 1833, in-4°.

Essai sur la topographie physique et médicale de la Limagne, par *H. Tachard*. 1828, in-4°.

Coup d'œil rapide sur l'agriculture du Puy-de-Dôme, par M. *Laporte*. An 9, in-8°.

Quelques observations concernant l'agriculture dans les montagnes du Puy-de-Dôm-, par M. *Lacoste*. An 9, in-8°.

Voyage agronomique en Beaujolais, Forez et dans la Limagne d'Auvergne, par M. *Puvis*. 1821, in-8°.

Observations sur les moyens d'améliorer les races des bœufs dans le département du Puy-de-Dôme, par M. *Baudet-Lafarge*. Clermont, 1825, in-8°.

Le Compatriote, ou du luxe dans la Limagne, par *Chabrit*, avocat. 1779, in-8°.

Opuscules de M. *Bernard* : Pont de la nature; Panorama de Monton; Chanturgue.

Emploi des domites, par M. *Ledru*, in-4°; par M. *Roger*, in-8°.

Mémoire sur les irrigations dans le département du Puy-de-Dôme, par M. *Baudet-Lafarge*. Manuscrit.

Mémoire sur le même sujet, par M. *Dalmas*. Manuscrit.

Mémoire sur les avantages et la possibilité de la culture du mûrier blanc dans ce département, pour l'éducation des vers à soie, par M. *Lacroze* fils. 1827, in-4° de 10 pages (autographie).

§ III. — *Administration locale.*

Évaluation du comté d'Auvergne, de la baronie de Latour, in-f°. Manuscrit.

Recueil des pièces produites à la chambre des comptes pour l'évaluation du comté de Clermont-Ferrand (comme faisant partie de l'apanage de Mgr le comte d'Artois); 1774. Manuscrit in-folio, avec plans.

Observations sur la fixation des limites des départemens du Bourbonnais et de la Basse-Auvergne, par un député d'Auvergne. In-8°.

Mémoire présenté à la commission d'enquête commerciale par la chambre de commerce du département du Puy-de-Dôme. Janvier, 1819, in-4°.

Rapport fait à la chambre de commerce de Clermont-Ferrand, sur le projet d'un canal latéral à l'Allier, par M. *Blanc*. Clermont, avril 1827, in-4°.

Quelques observations sur le projet de canal latéral à l'Allier, par M. *J. Baudet-Lafarge.* Clermont, 1827, in-4°.

Opinion contre le projet de canal latéral à l'Allier, par M. *Lamy.* 1828, in-4°.

Essai sur la navigation de la rivière d'Allier et le projet d'un canal latéral, par M. *Devèze de Chabriol,* 1831. Manuscrit.

Mémoire sur le balisage et la navigation descendante de la Dordogne, de Bort à Argentat, par M. *Mignot.* Clermont-Ferrand, 1830, in-8°.

Recueil des actes administratifs du département du Puy-de-Dôme, depuis 1806 — 1835. 10 vol. in-8°.

§ IV. — *Documens historiques.*

Observations sur les travaux qui doivent être faits pour la recherche des objets d'antiquité dans le département du Puy-de-Dôme, par l'abbé *Lacoste.* 1824, in-8°.

Discours mémorable du siége mis par César devant Gergovie, ancienne et principale ville d'Auvergne, et de la mort de Vercingentorix, roi des Auvergnats, par *Isaac Villevaux. Item,* les Antiquités de Clermont. Paris, 1589, in-8°.

Recherches sur Gergovia, par *Lancelot.* Mémoires de l'Académie des insc., tome VI.

Opinion de l'abbé *Lebeuf* relative à Gergovia. Mém. de l'Acad. des inscr., tome XXV.

Dissertation sur la position de Gergovia, par *le Masson*, prieur de Saint-André. Manuscrit.

Mémoire sur la position de Gergovia, par M. *Dufraisse de Vernines.* Manuscrit.

Autre, par M. *Martinon.* Manuscrit.

Autre, par M. *Rudel du Miral.* Manuscrit.

Remarques sur l'ancienne ville de Gergovia, par M. de *Caylus.* Recueil d'antiquités, tome V.

Mémoires géographiques de *Pazumot* sur Gergovia, 1765, in-12.

Dissertation sur Gergovia. Authenticité de la charte de l'abbaye de Saint-André, contre l'assertion de MM. *Justel, Baluze* et *Lancelot.* Manuscrit.

Le Siége de Gergovia, ou les chants d'un Barde, par M. *Hervier,* 1823, in-8°.

Dissertation sur le lieu où était situé, en Auvergne, le château d'Avitacus de Sidoine-Apollinaire, par M. *Micolon.* (Il place Avitacus à Aydat.) Manuscrit. Voir aussi les Recherches sur les eaux du Mont-Dore, par le docteur *Bertrand,* qui place *Avitacus* au lac du Chambon.

Dissertation sur le temple de Vasso. Manuscrit.

Mémoire sur les ruines d'un temple à Jose sur l'Allier, par M. *Gonod*. Manuscrit.

Dissertation sur les monumens anciens qu'on trouve au Mont-Dore en Auvergne, par M. *Dufraisse*. Manuscrit.

Mémoire sur un cadavre embaumé, trouvé aux Martres-d'Artières, en 1756, par M. *Ozy*. Manuscrit.

Notice de quelques antiquités trouvées dans le canton de Pontgibaud, par M. *Douyon*. Mémoire de la société des antiquaires, tome VII, page 220.

Dissertation sur le camp des Chazaloux, par M. *Hervier*, de Pontgibaud. Manuscrit.

Notice sur le château de Villeneuve (près Saint-Germain-Lembron), par M. *Gonod*. Manuscrit.

Notice sur l'église d'Orcival, par M. *Gonod*. Manuscrit.

Notice sur l'église d'Ennezat, par M. *Gonod*. Manuscrit.

Notice sur le château de Tournoël, par B. *Gonod*. 1831, in-8°.

La description historique de la ville de Riom en Auvergne, composé (sic) par M. *G. M. P.*, à Riom, 1711, (probablement par M. *Guillaume Majour*, *prêtre*.) Manuscrit en lettres rondes, renfermant quelques notions sur l'origine de Riom, sur l'abbaye de Mozat, beaucoup de détails sur Saint-Amable, et la canonisation de saint Félix, capucin.

Histoire de Riom, chef d'Auvergne, trad. du latin en fr., par *Claude-Barthélemy Bernard*, de Riom. Lyon, Ogerolles, 1559, in-16.

Mémoire statistique sur la ville de Thiers. Manuscrit.

Recherches sur Randan, par M. *de Bastard*. 1830, in-8°.

L'origine des Eglises de France, prouvée par la succession des évêques, avec la vie de saint Austremoine, par *Dufraisse*. Paris, 1688, in-8°.

Chronologie des évêques de Clermont et des principaux événemens de l'hist. eccl. de l'Auvergne, par B. *Gonod*. 1833, in-4°.

De sanctis ecclesiis et monasteriis Claromontii, libellos duos recensuit ac notis illustravit J. *Savaro*. Paris, 1608, in-8°.

Dissertation sur les 6,266 martyrs dont les reliques sont conservées dans l'église de Saint-Alyre de Clermont, par D. *Chevalier*, bénédictin. Manuscrit.

Hæma-Christi-latrie, ou traité du culte et vénération du précieux sang de J. C., spécialement de celui qui est à Billom en Auvergne, par J. *Seguin*. 1619, in-8°.

Requête de P. *Faydit*, titulaire de l'église de Saint-Jean de Riom, etc., in-4°.

Dissertation sur le concile tenu à Clermont au sujet de la première croisade, par M. *de la Chapelle*. Manuscrit.

Statuta à *Guillermo de Prato*, de novo ordinata, anno 1537. Claromonti, 1538, in-4°.

Statuts renouvelés par *Fr. de la Rochefoucauld*, et publiés au synode tenu à Clermont en 1599. In-8°.

Canons synodaux, statués par *Joachim Destaing*, en 1620, in-8°.

Canons synodaux du diocèse de Clermont, renouvelés et augmentés, par *Joachim Destaing*, au synode de 1647. in-8°.

Idem. 1653.

Rituel à l'usage du diocèse de Clermont, publié par l'ordre de Mgr *Duvalk de Dampierre*. 1833, in-4°.

Discours sur la tenue des conciles, servant à combattre les prétentions des gens d'église d'Auvergne, qui tiennent le parti de la ligue, par *Fr. Dinstruires*. Clermont, 1594, in-12.

Vita S. Menelei, abbatis Menatensis in Arverniâ. Manuscrit de la bibl. de Clermont, imprimé en partie dans Labbe, Nov. Bibl., tome II, page 591, et dans les Acta SS. ord. S. Ben., tom III, page 404.

La vie de saint Amable, prêtre et curé de la ville de Riom en Auvergne, par l'abbé *Faydit*. 1702, in-12.

Histoire de saint Amable, prêtre, confesseur et patron de la ville de Riom en Auvergne, par *Chevalier*. Lyon, 1701, in-12.

Apologie des chanoines de la cathédrale et des citoyens de Clermont, contre les égaremens de l'abbé Faydit, par *Guillaume Majour*. 1713, in-8°.

Défense de Savaron, des chanoines de la cathédrale et des citoyens de la ville de Clermont, contre les égaremens tant de M. Chevalier, chanoine de Riom, que de M. l'abbé Faydit, par *Guillaume Majour*. Clermont, 1702, in-8°.

La vie de sœur Marie Paret, du tiers-ordre de S. Dominique, par le P. *Richard Guillouzou*. Clermont, 1683, in-12.

Vie et miracles de S. Bonnet, évêque de Clermont, à l'occasion des reliques trouvées dans la chapelle de S. Bonnet dit le Froid, avec les antiquités de cette chapelle, par M. *du Bosc*, prêtre. Lyon, 1668, in-12.

Annales de la ville d'Issoire. Manuscrit.

Le vrai discours du siége tenu devant la ville d'Issoire, par Mgr le duc d'Anjou, et la prise d'icelle. Paris, 1577, in-8°.

Rerum in Arverniâ gestarum, præcipuè in Amberti et Issoduri obsidione, luctuosa narratio, per *L. Villebois*. 1577, in-8°.

Deux mémoires pour servir à l'histoire du siége d'Issoire, en 1577 et 1590, par M. *de Féligonde*. Manuscrit.

Notice sur l'histoire de la ville de Clermont-Ferrand, le siége d'Issoire, et la bataille de Cros-Rolland, précédée d'un rapport de M. le maire (André d'Aubières), sur les sépultures publiques. Clermont, 1816, in-8° de 24 pages.

Histoire de Vercingétorix, par M. *Jacques Ribaud de la Chapelle*, publiée par P.-B. Peigue, en 1834, in-8o.

Mémoires très-amples pour servir à l'histoire de Pascal. Bibl. de M. le duc de Charost.

Mémoire sur la vie de Bl. Pascal et sur celle de Mlle Pascal, sa sœur, avec quelques anecdotes sur la famille et les ouvrages de ce savant, par M. *Ternier*, de la société littéraire de Clermont. Manuscrit.

Éloges de B. Pascal, par *Dalembert*; *Alexis Dumesnil*, 1813; de *Béline*, 1816; *G.-M. Raymond*, 1816. In-8°.

Essai sur Pascal, par *J.-H. Monier*, 1822; par *Montel*, 1823. In-8°.

Éloge historique de Michel de l'Hospital, par *Guibert*, 1777, in-8.

Éloge de Jean Domat, par M. *Mandet-des-Lamis*. Riom, 1835, in-8°.

Désaix, poëme, par M. *Alex. Guillaume*; 1830, in-8°.

Oraison funèbre de M. de Lagarlaye, par *Solignat*. Clermont, 1776.

Oraison funèbre de Mgr Ch.-Ant.-H. Duvalk de Dampierre, évêque de Clermont, par M. l'abbé *Gannat*, 1833, in-8.

Éloge de M. de Balainvilliers, par le P. *Sauvade*, minime. Clermont, 1768. 28 pages in-8.

Éloge de M. Michel Pellissier de Féligonde, par le R. P. *Sauvade*, minime. Clermont-Ferrand, Viallanes, 1767, in-8 de 27 pages.

Éloges de MM. de Moras, Tournadre, Sauvade, Guerrier, de Garmage, de Lagarlaye, Duvernin, par M. l'abbé *Micolon de Blanval*. In-12.

Éloge historique de M. Bergier, par M. *Chasteau-Dubreuil*.

§ V. — Clermont.

Plan de la ville de Clermont, dressé vers l'an 1730. Manuscrit, Bibliothèque de Clermont.

Plan de Clermont, avec la vue du pont de pierre et de la cathédrale, par M. *Sauty*. 1834.

Mémoires des officiers de la sénéchaussée de Clermont-Ferrand et des officiers de la sénéchaussée d'Auvergne et du présidial de Riom, au sujet de la prévôté d'Issoire, contenant des observations et recherches sur l'histoire d'Auvergne et des tribunaux qui y sont établis. Clermont-Ferrand et Riom. 1761, 1763 et 1764, In-4°.

Comptes administratifs et budgets de la ville de Clermont-Ferrand (administration de M. Blatin aîné). 1820 à 1830. In-4°.

Idem, 1830—1834, par M. *Cariol.*

Traité sur le tarif du pain dans la ville de Clermont-Ferrand. 1767. In-4°.

Traité de la jauge appliquée aux mesures de Clermont, par M. *Chavagnat.*

Abrégé historique de la ville de Clermont-Ferrand, capitale de la province d'Auvergne, et carte de Clermont et des environs, par *de la Jonchère.*

Notice historique sur l'ancienne abbaye de Saint-Alyre de Clermont-Ferrand, par D. *Michel-François Verdier-Latour.* Manuscrit de la bibliothèque de Clermont.

Histoire de la ville de Montferrand, in-4°. Manuscrit de la biblothèque de Clermont.

De la nécessité d'être exact dans la représentation et la description des monumens archéologiques, etc., ... suivie d'une dissertation critique sur un bas-relief qui se trouve dans la ville de Clermont-Ferrand, par *J.-J. Jorand.* Paris, Smith, 1825, in-8° de 20 pages.

Dissertation sur les noms primitifs de Clermont en Auvergne, par M. *Bompart*, de Saint-Victor.

TROISIÈME SÉRIE.

OUVRAGES RELATIFS AU DÉPARTEMENT DU CANTAL.

§ Ier. — *Ouvrages généraux.*

Description historique et scientifique de la Haute-Auvergne, avec atlas, par M. *Bouillet*, 1834, 2 vol. in-8°.

Tableau chorographique et historique du département du Cantal, par *Lakairie.* Aurillac, 1819, in-12.

Dictionnaire statistique du Cantal, par *Déribier*, 1824, in-8°.

Voyage dans le département du Cantal, par *Lavallée*, an 4. In-8°.

Carte. Montagnes de la Haute-Auvergne, par *de Clerville.* Paris, 1642, 1670.

Tableau topographique, historique et statistique du Cantal, par *Durat-Lassalle.*

Essai sur l'origine des fiefs de la noblesse de la Haute-Auvergne, et sur l'histoire naturelle de cette province, par le comte *de Rangouse de la Bastide*. 1784 , in-12.

Annuaires du Cantal.

§ II. — *Histoire naturelle.* — *Agriculture.*

Du Cantal, du basalte et des révolutions de la terre, par M. le comte *de Montlosier*, in-8°, 1834.

Article Haute-Auvergne, de l'Encyclopédie méthodique (géographie physique), par *Desmarest*.

Mémoire sur les dépôts lacustres tertiaires du Cantal. Annales des sciences naturelles, 1829; par *Lyell* et *Murchison*.

Dissertation sur le feu et la lumière, avec quelques particularités d'un écho singulier qui se trouve dans la Haute-Auvergne, lue par le P. *Monestier*, à l'assemblée publique de la société littéraire de Clermont, en 1749. Manuscrit.

Analyse des eaux minérales de Chaudes-Aigues, par *Ozy*. Merc.; 1758.

Mémoire sur les eaux de Chaudes-Aigues, in-4° , par *Chevalier*.

Analyse des eaux minérales de Péruches, près Aurillac, avec le rapport du jugement du collége de médecine de Clermont, par *Daverain*. Manuscrit.

Recherches analitiques des eaux minérales de Vic , par *J.-N. Esquivou*. Aurillac , 1718 , in-12.

L'entéléchie des eaux de Vic en Carladès, par *J. Manté*. Aurillac , in-8°.

Dessarte. Analyse des eaux de Vic en Carladès (Dict. minéral. et hydrol. , II , 483).

De l'étiologie et de la prophylactique de la maladie scrofuleuse dans le département du Cantal, par *Besson* , 1832, in-4°.

Topographie médicale de la Haute-Auvergne , par M. *Briende*. 1822 , in-8°.

Quelques considérations sur l'hygiène de la Haute-Auvergne , par *Loubeyre*. Paris , 1829 , in-4°.

Rapport fait à la société d'agriculture sur un projet de classification des terres cultivées du Cantal , par M. *Héricart de Thury* , suivi de l'Essai sur les terres cultivées , par M. *Devèze de Chabriol*, 1821, in-8°.

Observations sur les bêtes à laine du Cantal , par M. *Devèze de Chabriol*, 1818 , in-8°.

Observations sur les bêtes à cornes du Cantal , par le même, 1820 , in-8°.

Recherches sur le bétail de la Haute-Auvergne, etc., par M. *Grognier*. Paris, 1831, in-8°.

Analyse et description topographique agricole et commerciale du département du Cantal, par M. *de Sistrières-Murat*. In-12.

Procédés et mécanismes nouveaux ou rectifiés sur l'art de la fromagerie, appropriés au fromage du Cantal, par le même. In-12.

§ III. — *Documens historiques.*

Lettre au sujet de quelques antiquités ecclésiastiques du diocèse de Saint-Flour. Merc., 1742, avril, page 701.

La vie de saint Gérand, comte d'Aurillac, écrite en latin par J. Odon, 2ᵉ abbé de Cluny, et traduite en français par M. *Compaing*. Aurillac, 1715, in-8°.

Promenade au Cantal, par le docteur *Peghoux*, 1833, in-8°.

Breve chronicon Auriliacensis abbatiæ, in diœcesi Arvernensi, ab anno 972 ad ann. 1128, autore anonymo. Mabill. analecta, page 237; Hist. litt. de la France, tome X, page 408.

L'histoire parænétique des trois saints protecteurs du Haut-Auvergne, par le R. P. *Dominique* de Jésus, carme déchaussé, 1635, in-8°.

Éloge funèbre de Marie (de S. Marsal) de Conros, abbesse de S.-Jean-du-Buis-lès-Aurillac, (par M. *Froquières*). Aurillac, 1734; in-4° de 18 pages.

Discours de Ch.-J.-F. *Raulhac*, premier adjoint du maire d'Aurillac, sur les hommes de l'arrondissement de cette ville qui se sont distingués, etc. Aurillac, 1820, in-8°.

Discours sur le développement de l'industrie dans le Cantal, par *Ch.-J.-F. Raulhac*. Aurillac, 1822, in-8°.

Mémoires sur les fouilles et recherches d'objets d'antiquités faites dans le canton de Sagnes (Cantal), en 1821 et 1822, par M. *Deribier*, maire d'Ides. Mémoires de la société des antiquaires, tome V, page 309.

Extrait d'un mémoire sur les fouilles et découvertes faites dans l'arrondissement de Mauriac (Cantal), et particulièrement dans le canton de Sagnes, en 1822, 1823, 1827, par J.-B. *Deribier*. Ibid., tome VIII, page 157.

QUATRIÈME SÉRIE.

OUVRAGES RELATIFS AU DÉPARTEMENT DE LA HAUTE-LOIRE.

§ Ier. — *Ouvrages généraux.*

Annales de la société d'agriculture , sciences et commerce du Puy : 8 volumes in-8°, 1826 — 34, renfermant divers mémoires sur les antiquités , l'histoire , l'histoire naturelle , etc. , de la Haute-Loire.

Statistique du département de la Haute-Loire , par M. *Deribier de Cheissac.*

Almanach de l'abbé *Laurent.*

Manuel des locutions vicieuses les plus fréquentes dans le département de la Haute-Loire , par M. *Pômier*, 1805 , in-18.

§ II. — *Histoire naturelle.* — *Agriculture.*

Description géologique des environs du Puy, par M. *Bertrand de Doue.*

Aperçu sur la géologie et l'agriculture du département de la Haute-Loire , par *Alph. Aulanier*, 1823 , in-8°.

Volcans éteints du Vivarais et du Velay, par *Faujas.*

Essai sur l'histoire naturelle et l'agriculture de l'arrondissement du Puy, par M. *Vital Bertrand.*

Flore du département de la Haute-Loire , par M. *J.-A.-M. Arnaud*, D. M. au Puy, 1825 , in-8°.

§ III. — *Documens historiques.*

Essais historiques sur les antiquités du département de la Haute-Loire, par M. *Mangon de Lalande.* S. Quentin , 1826, in-8°.

Hist. abbatum casæ Dei , in Arverniâ, auctore Bernardo. *Labbe* Nov. Bibl. , tome II , page 637.

Casa Dei benedictina , seu Incubratio chronologica inclyti monasterii casæ Dei , operâ et studio *Simonis Genoux.* Manuscrit.

Vita S. Roberti , conditoris et primi abbatis casæ Dei , scripta à *Gerardo*, Venetensi , ejus discipulo , et in compendium redacta à *Marbodo*, Redonensi episcopo. Bolland, 24 avril ; acta SS. ord. S. Bened., tome IX, page 183.

Dissertatio de anno et die obitûs ejusdem, auctore *Ægidio Jacarry.* Claromontii, 1674, in-4o.

Dissertation sur l'emplacement du *castrum victoriacum*, c'est-à-dire, de la forteresse du comte Victorius, aujourd'hui S. Ferréol, près Brioude, par M. *Martinon.* Manuscrit.

Hist. dedicationis ecclesiæ Podii aniciensis in Vellaviâ, sacræque Mariæ Virginis, etc., auctore *Jacob David.* Avenione, 1516, in-4o.

Histoire de Notre-Dame du Puy en Velay. Manuscrit : Bibl. du roi, n° 1340.

Discours de la dévotion de Notre-Dame du Puy en Velay, et plusieurs remarques concernant l'histoire des évêques de Velay, par *Odo de Gissey*, jésuite. Lyon, 1620, in-12 ; au Puy, 1644, in-8o.

La Véleyade ou délicieuse merveille de l'image de Notre-Dame du Puy en Velay, décrite en vers, par *Hugues Davignon*, avocat. Lyon, 1630, in-8o.

Histoire de l'église angélique de Notre-Dame du Puy, par *Fr.-Théodore Bochart de Sarron de Champigny.* Au Puy. 1693, in-8o.

Mémoire sur la noblesse du chapitre de St-Julien, de Brioude. Riom, 1766, in-4o.

Notice historique sur l'église et le chapitre de Brioude, par M. *de Talayrat.* Au Puy, 1829, in-8°.

Chronologie du ci-devant chapitre de St-Julien, de Brioude. Paris, 1805, in-8o.

Recherches sur les églises de Langeac, diocèse de Clermont, par *Jacques Branche.*

Histoire du Velay, par M. *A.-M. Arnaud*, D. M. 1816, 2 v. in-8o.

Stephani Guyonii orationes duæ, de veteri Aniciensium pietate et de priscâ consulatûs Aniciani dignitate. Lugd., 1593. In-8o.

Observations sur les premiers vicomtes de Polignac. *Voyez* Histoire du Languedoc, tome II, note 10.

Des comtes du Velay et d'Auvergne. *Voyez* Histoire du Languedoc, par D. *Vaissette.* Tome II, note 17.

Histoire du canton du Puy, par M. *Dulac.*

Antiquités du Puy en Velay, par M. l'abbé *J. Lebeuf.* Histoire de l'Académie des inscrip. et belles-lettres, tome XXV.

Mémoire sur la ville de St-Paulien en Velay, et sur des monumens antiques trouvés dans le Velay. (Mercure, 1727, décembre.)

Réfutation du mémoire précédent. *Ibid.*, 1728, juillet.

Description du canton de Blesle, par M. *Barrès* père; in-8o.

APPENDICE.

Mareschal (C.). Physiologie des eaux minérales de Vichy en Bourbonnais. Lyon, 1656 ; Moulins, 1642, in-8°.

Rolleti. Poëma encomiastium aquarum Vichæensium. Claromonti, 1652, in-4°.

Jolly (A.). Descr. des eaux minér. de Vichy. Paris, 1676, in-12.

Le Rat (F.). An thermæ Burbonienses-Anselmienses minorem noxam inferant epotæ, quàm Arcimbaldieæ et Vichienses? Præs. D. Puylon. Parisiis, 1677, in-4°.

Fouet (C.). Le secret des bains et des eaux minérales de Vichy en Bourbonnais. Paris, 1679, in-12.

Idem. Nouveau système des bains et eaux minérales de Vichy, fondé sur plusieurs expériences et sur la doctrine de l'acide et de l'alcali. Paris, 1686 et 1696, in-12.

Geoffroy. Examen des eaux de Bourbon et de Vichy (Mémoire de l'Acad. roy. des sciences, 1702; Hist., page 43).

Burlet (C.). Examen des eaux de Vichy et de Bourbon-l'Archambault (Mémoire de l'Académie royale des sciences, 1707; Mém., pages 97 et 112). — Traité des eaux minérales de Vichy. Clermont-Ferrand, 1734, in-12.

Delassone. Observations physiques sur les eaux thermales de Vichy (Mémoire de l'Académie roy. des sciences, 1753; Hist., p. 167; Mém., page 106).

Tardy. Dissert. sur le transport des eaux de Vichy, 1755, in-12.

Desbret. Sur les eaux minérales de Vichy en Bourbonnais (Gaz. d'Epidaure, 14 avril 1762, page 236).

Idem. Traité des eaux minérales de Châteldon, de celles de Vichy et Hauterive en Bourbon., etc. Moulins et Paris, 1778, in-12.

Josse. Extrait d'un procès verbal d'analyse d'une eau de Vichy puisée à une fontaine particulière, et comparée avec les autres (Précis périodique de la société de médecine de Paris, I, 133).

Mossier. Mémoire sur l'analyse des eaux minérales de Vichy, du Mont-Dore et de Néris (Voyez Précis périodique de la société de Paris, VIII, 451).

Lucas. Notice médicale sur les eaux de Vichy....

Longchamp. Analyse des eaux minérales et thermales de Vichy, faite par ordre du gouvernement. Paris, 1825, in-8°.

Noyer (V.). Discours sur le mode d'action des eaux minérales de Vichy (thèse). Strasbourg, 1832, in-4° de 14 pages.

— *Idem.* Réflexions sur le mode d'action des eaux minérales de Vichy. Vichy, 1832? in-8°.

᾿ —*Idem.* Lettres topographiques et médicales sur Vichy, ses eaux minérales et leur action thérapeutique sur nos organes. Paris, 1833, in-8° de 208 pages. (Analysées, Revue médicale, 1833, IV, 154.)

Petit (C.). Du traitement médical des calculs urinaires, et particulièrement de leur dissolution par les eaux de Vichy et les bicarbonates alcalins. Paris, 1834, in-8°.

— *Idem.* Traitement de la goutte par les eaux de Vichy. In-8°, Paris, 1835.

Giraudet. Topographie médicale des environs de Cusset, in-8°.

Michel. Description et analyse des eaux minérales de Néris (Ancien Journal de médecine, août 1766, page 159).

Philippe. Mémoire sur les eaux thermales de Néris (*Ib.*, janvier 1786).

Boirot-Desserviers (P.). Notice sur les eaux thermales et minérales de Néris, etc., brochure in-8°, sans indication de date ni de localité (8 pages).

— *Le même.* Recherches et observations sur les eaux minérales de Néris. Paris, 1817, in-8° (155 pages).

— *Le même.* Recherches historiques et observations médicinales sur les eaux thermales et minér. de Néris, etc. Paris, 1822, in-8°, avec 20 planches et un tableau (XII, 494 pages).

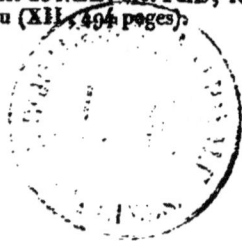